MÉGA-GÂCHIS

MARTIN BLACHIER

MÉGA-GÂCHIS

Histoire secrète de la pandémie

LES ÉDITIONS DU CERF

www.editionsducerf.fr
24, rue des Tanneries
75013 Paris

ISBN 978-2-204-15122-1

À Marius, Inès et Paul.

Prologue

12 mars 2020
Le premier jour du reste de ma vie

« Nous tiendrons tous ensemble ! » Certes, les mots de conclusion du président de la République sont un peu grandiloquents. Mais je dois moi-même reconnaître, pourtant optimiste par nature, que l'instant s'y prête. « Confinement général ! » L'annonce que vient de faire Emmanuel Macron, en ce soir du jeudi 12 mars 2020, est un véritable cataclysme pour la population, même si des rumeurs insistantes circulaient depuis quelques jours. Mais cette fois, c'est donc officiel. Une véritable bombe ! Plus tard, je découvrirai que c'est une première pour notre pays qui, jusqu'alors, avait dû se « contenter » de longues périodes de couvre-feu durant l'Occupation ou bien encore, dans de nombreuses villes, au cours de l'épidémie de choléra de 1832.

1832... Il y a presque 190 ans ! Nous voilà donc revenus près de deux siècles en arrière, alors que nous sommes l'un des pays les plus riches de la planète, que nous disposons des technologies les plus modernes, des médicaments pour presque toutes les pathologies et d'un système de santé qui figure parmi les meilleurs au monde. Et en ce jeudi soir, je me dis que ce virus aura eu, en à peine plus de deux mois, raison de tout cela. Qu'il nous aura mis dos au mur, bientôt enfermés chez nous, contraints de nous munir d'un « pass », le premier d'une longue série, pour faire nos courses, sortir le chien, ou simplement nous aérer un peu. Et notre économie ? Comment va-t-elle tenir le coup ? Combien de nos concitoyens vont perdre leur job, combien de ces commerces, que l'on qualifie désormais de « non essentiels », vont pouvoir résister si le confinement, qui débutera le 17 mars à midi, s'éternise ?

Confinement. Un mot que la plupart d'entre nous n'avait jamais prononcé jusqu'alors et qui fait une entrée aussi fracassante que dramatique dans notre vocabulaire quotidien. Le mot de l'année, à coup sûr, pour les éditeurs de dictionnaires. Le président a eu beau affirmer dans son discours de ce soir que « nous, Européens, ne laisserons pas une crise financière et économique se propager », que « toutes les entreprises qui le souhaitent pourront reporter sans justification, sans formalité, sans pénalité le paiement des cotisations et impôts dus en mars », et qu'un « mécanisme exceptionnel et massif de chômage partiel sera mis en œuvre », il n'en reste pas moins que nous allons tout droit vers l'inconnu et que pour cette destination, il n'y a ni attestation ni QR Code.

J'avoue que je suis choqué par ce discours, bousculé, presque angoissé. Seuls les médecins qui travaillent à l'hôpital ont alors une vision réaliste de ce qu'est ce virus et de la situation dans laquelle notre pays risque en effet de s'enfoncer. Pour ma part, je ne suis pas plus informé que tout un chacun. J'ai suivi les déclarations officielles, lu quelques « papiers ». En réalité, lorsque les premières informations ont commencé à circuler, fin décembre 2019, nous avons été nombreux à être sceptiques. Et donc optimistes. Simplement parce que l'intuition se nourrit d'expériences. Or, cette Covid-19, qui est alors circonscrite à la région de Wuhan, n'est pas la première épidémie de coronavirus qu'a connue l'Asie au cours des deux dernières décennies. Entre 2002 et 2004, il y a eu le Sars Cov-1 puis, à partir de 2012, le Mers qui s'est surtout cantonné au Moyen-Orient. Si quelques spécialistes pointus de la recherche en épidémiologie se sont penchés avec attention sur ces virus, ces épidémies n'ont quasiment pas touché l'Europe. Et il n'y a alors, en cette toute fin d'année, aucune raison qu'il en soit différemment avec la Covid-19. Si nous constatons tous l'extraordinaire mobilisation des autorités chinoises et cet incroyable hôpital géant construit en à peine quatre jours, c'est en réalité parce que ce pays a retenu les leçons de « son » Sars Cov-1, presque vingt ans plus tôt. Et à cet instant-là, comme l'immense majorité de mes confrères, je suis convaincu que l'épidémie demeurera limitée au continent asiatique et que les quelques cas que nous connaîtrons en France, surtout importés, seront efficacement contenus et maîtrisés par la technique du « *Contact Tracing* » qui avait déjà été mise en œuvre avec succès lors des épidémies précédentes.

Le choc de ce discours du 12 mars, ce coup de poing que représente l'annonce d'un confinement général, cette perspective jusqu'alors insensée, de rues désertées, de commerces fermés, de ce télétravail forcé, tout cela me pousse, dès la fin du discours du président de la République, à décrocher mon téléphone pour joindre Henri. Il est 17 heures en France, 13 heures à Rio de Janeiro, là où, aussi incroyable que cela puisse paraître, vit mon associé et ami. Il décroche. Il a suivi l'allocution présidentielle et, immédiatement, nous y pensons tous les deux : il faut utiliser notre savoir-faire, cette expertise que nous développons au sein de l'entreprise que nous avons créée ensemble dix ans plus tôt, pour contribuer autant que possible à comprendre la pandémie qui s'annonce, à prévoir son évolution, anticiper ses soubresauts et ses conséquences. En d'autres termes, à « faire un modèle ». C'est notre métier, c'est même notre passion et nous sommes forts à ce petit jeu-là, j'ose le dire. Nous avons une expérience indéniable sur ces sujets. Et nous voulons aider. Je n'ai alors aucune idée de ce qui m'attend, de ce que seront les 24 mois qui vont suivre, les plus de 1 200 passages à la télévision, les controverses, les débats, les insultes, les menaces même qui vont me tomber dessus. Avec mon ami et associé, nous voulons juste aider. Avec le sentiment que nous pouvons être utiles.

Un médecin sans patient... et alors ?

Je suis un médecin sans patient depuis plus de quinze ans. On me le reprochera souvent au cours de ces deux longues années. Très vite, au cours de mes études de médecine, j'ai su que ce nous appelons « la clinique » ne serait pas mon univers quotidien. Pourtant, comme tous les adolescents de ma génération, ceux du moins qui n'avaient pas de parents médecins pour les ramener à la réalité, j'ai fantasmé cette profession. À 14 ans, je suis hospitalisé pour un accident de vélo à l'hôpital de Dijon ou je passe mes vacances chez mon grand-père : deux bras cassés, un traumatisme crânien et le dos ouvert sur toute la largeur. Une interne douce et calme me suture le dos pendant qu'on prépare les résines pour mes deux bras. Je suis envoûté par la blouse blanche et la noblesse de l'exercice de la médecine. Pourtant, je me souviens avoir été abject pendant les deux mois qui ont suivi, frustré par le handicap que ces deux plâtres m'infligeaient. Mais, désormais, j'ai une idée claire de ce que je veux faire.

Au lycée Hoche, à Versailles, c'est pour pouvoir faire Médecine que je vise les premières places. Et c'est encore pour atteindre cet objectif, pour passer le cap souvent fatidique de la première année, que je travaille comme un acharné pendant un an, ne m'offrant que quelques moments de pause en pratiquant le kickboxing, à Guyancourt, où je vis chez mes parents. Mais les heures de révisions sont bien plus nombreuses que les heures passées sur le ring. Et au moins aussi intenses. Ce qui porte ses fruits d'ailleurs, puisque je réussis le concours du premier coup et plutôt en très bonne place : 15e sur 650.

Mais voilà ! Après les trois premières années d'études de médecine – qui sont très théoriques et au cours desquelles on ne sait du malade que ce que les planches anatomiques ou les cycles biochimiques veulent bien nous montrer – j'ai été confronté à la réalité de la médecine telle qu'on la pratique. C'est à l'occasion de mon premier stage à l'hôpital, à Garches, que j'ai découvert à quoi pourrait ressembler ma vie si je poursuivais dans la voie traditionnelle, classique... clinique. Et très vite, j'ai trouvé cet exercice monotone, répétitif, presque ennuyeux. Il n'y a, dans cette opinion strictement personnelle, aucun jugement de valeur. Mais simplement une inadéquation profonde entre le rôle du médecin, à l'hôpital comme en cabinet de ville d'ailleurs, et mon caractère, mes aspirations personnelles. À plusieurs reprises, dans ma carrière, j'ai ressenti une véritable admiration pour certains « patrons » ou jeunes internes, croisés dans quelques services hospitaliers, leur abnégation, leur talent, leur savoir-faire, leur patience aussi vis-à-vis des patients. Mais j'aurais été réellement incapable de leur ressembler, de pouvoir vivre cette vie, de me fondre dans une structure – l'hôpital – où je ne me suis jamais vraiment senti à l'aise, face au poids de la hiérarchie, à la lourdeur de l'organisation et même dans le rituel que requiert cet exercice avec tout le folklore qui l'accompagne.

Ma désillusion, face à cette réalité et à moi-même, si différents de ce que j'avais fantasmé pendant des années, fut telle que je ne parvenais probablement pas à faire illusion. À la fin d'un stage de 5e année, l'interne en cancérologie qui était chargé de me chaperonner a demandé à me parler en particulier. Selon elle, j'étais beaucoup trop conceptuel et théorique et sans doute pas assez empathique. À tel point qu'elle m'a fait promettre de changer d'orientation et de ne pas poursuivre dans la voie de la médecine clinique. Elle avait à la fois une grande douceur avec les patients et une autorité naturelle qui vous dissuadait de discuter ses consignes. J'ai suivi sa recommandation et presque sans regret. C'est à compter de ce jour-là que je me suis cherché un autre chemin plus adapté à ma personnalité, à ma vision de ce que la science médicale peut apporter. En cherchant, j'ai découvert cette spécialité dont personne ne parlait jamais, la santé publique. Je me suis renseigné et chaque élément que je lisais me renforçait dans l'idée que c'était fait pour moi. C'est l'arrivée de ce virus qui rendra cette spécialité connue du grand public et de nombreux décideurs.

Un petit poucet face au système

Trois semaines pour un modèle

C'est donc ce virus que nous décidons, ce soir de mars 2020, de regarder de bien plus près. Parce que nous disposons d'outils à la pointe de la technologie, parce que nous travaillons sur ces modélisations depuis plus de dix ans, parce que notre approche est parfaitement maîtrisée et qu'elle a fait ses preuves auprès de toutes les institutions et les entreprises qui nous font confiance, et parce que je sais intimement qu'Henri fera mieux que les autres, étant l'un des meilleurs de sa génération. Pour toutes ces raisons, nous sommes convaincus que nous pourrions proposer un véritable outil de suivi, d'analyse et surtout de prospective.

Pourtant, jusqu'à ce 12 mars, ce fameux virus n'a pas été, loin de là, au centre de nos préoccupations. Notre société ne manque pas de travail et les dix salariés de l'équipe ont largement de quoi occuper leurs journées. Nous avons en cours un projet d'évaluation d'un nouveau type de pompe à insuline pour les personnes diabétiques, un dispositif potentiellement révolutionnaire pour des millions de patients. Nous analysons également, toujours en ce début de l'année 2020, les possibles nouvelles stratégies de dépistage de certains cancers comme celui de la prostate et nous avons été amenés à réfléchir à ces fameux CAR-T, thérapies d'un nouveau genre, premier pas vers une véritable révolution de la médecine personnalisée, presque sur mesure. Une avancée thérapeutique exceptionnelle dans la lutte contre le cancer, à condition que les systèmes de santé soient prêts, financièrement et logistiquement, à les accueillir. Nous avons donc de quoi nous occuper et pourtant, Henri et moi, nous allons nous engager dans trois semaines de travail jour et nuit pour enfin aboutir à cette modélisation.

J'ai rencontré Henri Leleu à Paris durant mon internat de médecine. Et au-delà de l'amitié qui est née entre nous, je ressens pour lui une véritable admiration : c'est un monstre d'intelligence, passionné par mille choses, des mathématiques à la santé publique en passant par l'économie et l'informatique. Un profil à part. Et c'est parce que l'aventure de PHE – Public Health Expertise –, que nous avons créée en 2012, est partagée avec lui qu'elle est aussi extraordinaire et épanouissante. C'est enfin parce qu'Henri est Henri que j'ai accepté de foncer malgré les conditions quelque peu insolites de cette expédition. Nous voulions notre indépendance, nous étions convaincus que nous pouvions vraiment apporter un savoir-faire différent et novateur dans ce que l'on appelle l'analyse médico-socio-économique. Et nous avons donc décidé de sauter le pas, de nous lancer dans cette aventure qui reste, en France, et quoi qu'on en dise, aussi risquée que complexe : créer son entreprise.

PHE est donc créée, déposée, enregistrée... lorsqu'Henri – qui est depuis quelques semaines au Brésil pour y assurer une formation –, m'annonce au téléphone qu'il est tombé follement amoureux d'une ravissante Cécilia, devenue depuis son épouse, et qu'il s'installe définitivement à Rio de Janeiro ! Qu'à cela ne tienne ! Pour tous mes échanges avec mon associé, pour nos multiples séances de travail en commun, je vivrai désormais, avec un décalage horaire de 3 à 5 heures selon les saisons. C'est une habitude à prendre. Autant dire que l'instauration du télétravail et sa quasi-obligation en France lorsque le virus commencera à prendre de l'ampleur n'auront sur nous aucun retentissement.

Les modèles et les choix techniques

C'est donc en *distanciel* – un terme que personne ou presque, pas même Henri et moi à plus de 9 000 kilomètres l'un de l'autre, n'utilise encore –, que nous allons nous lancer dans la première de nos batailles : comprendre ce virus au point d'en modéliser l'évolution dans le moyen et le long termes. Pour la Covid-19, comme pour toute autre pandémie, cette approche est essentielle. Elle doit permettre d'anticiper les vagues à venir, d'en comprendre les déroulés et, logiquement, de choisir et d'adapter les armes qui permettront d'en contenir la portée, pas seulement médicalement mais aussi socialement et collectivement. Croyez-moi, on est ici très loin de la boule de cristal ou du doigt mouillé. Et la modélisation fait intervenir de multiples disciplines, qu'il faut maîtriser une à une tout en étant capable de les croiser et d'enrichir ainsi l'outil de prévision. Un outil qui doit être suffisamment complet pour anticiper les conséquences des comportements individuels sur l'évolution de la pandémie, mais qui doit être aussi évolutif afin que chaque progrès dans la connaissance du virus puisse y être intégré pour affiner ainsi la précision du modèle. S'il est intelligemment construit, ce modèle permet donc d'anticiper l'évolution de l'épidémie en fonction de plusieurs facteurs et offre ainsi un outil de décision indispensable aux autorités publiques. La modélisation, notamment en matière de santé, est une pratique qui a beaucoup progressé au cours des deux dernières décennies en intégrant les apports de multiples sciences et disciplines – mathématiques, statistiques, probabilité, économie.

Lorsque Henri et moi décidons, dans cette nuit du 12 mars, de nous consacrer à la création d'un modèle « sur mesure » pour ce virus, je laisse la main à l'expert : Henri va commencer son tunnel de programmation. Pour détailler ici son parcours universitaire, lister ses diplômes et préciser les disciplines sur lesquelles il s'est penché, une page entière de ce livre ne suffirait pas, même si j'évitais les commentaires.

Sachez simplement qu'il a fait ses études de médecine à Bichat, études conclues par un dernier stage d'externe à Washington, et poursuivies par un internat de Santé publique à Paris de 2008 à 2011. Il fera sa thèse de médecine sur la réduction des inégalités sociales de santé *via* l'organisation des soins primaires. Il décroche un master de Santé publique puis une thèse en économie de la santé à Paris XI sous la direction d'Étienne Minvielle, médecin et polytechnicien, véritable référence mondiale en la matière. Sous son autorité, Henri va coordonner les travaux d'une petite équipe portant sur le développement des indicateurs de qualité à l'hôpital, qui seront ensuite adoptés par la Haute Autorité de santé et appliqués à l'ensemble des hôpitaux de l'Hexagone. En d'autres termes, lorsque nous décidons, en 2012, de fonder notre petite entreprise, Henri Leleu affiche, à moins de 30 ans, un CV dont rêveraient bien des « séniors ».

C'est donc lui qui va faire les premiers choix et opter pour une génération de modèles, complexes et très agiles, qui ont initialement été développés en économie pour décrire les comportements des populations. Seules quelques équipes de pointe les avaient jusqu'alors utilisés dans l'univers de la santé, essentiellement pour analyser les épidémies grippales. Ces modèles peuvent alors prévoir les interactions de chaque individu selon son âge, son travail, son mode de vie, sa situation familiale... Et l'utilisateur, à partir de ces calculs, peut alors anticiper la transmission du virus dans la société. Chaque type de contact est associé à un risque de transmission virale selon la durée, le lieu (intérieur ou extérieur), le nombre de personnes impliquées, mais aussi le type d'individus contactés, qu'il s'agisse de l'entourage proche ou de personnes d'un cercle plus éloigné. L'ensemble des informations utilisées pour modéliser les interactions entre les gens dans la société vient de tables de l'INSEE ou des différentes données rendues disponibles par les ministères, comme celui de la Culture par exemple concernant les grands évènements ou les spectacles. Aussi, le niveau de précision des données obtenues par ces micro-simulations et la qualité des prévisions sont-ils particulièrement élevés. Il est alors possible d'évaluer au plus près les conséquences, sur la circulation virale comme sur le niveau des hospitalisations, des mesures prises ou envisagées, telles que le port du masque dans les transports ou la fermeture des écoles.

Nous savons qu'en trois semaines nous disposerons d'un tel outil et sous sommes décidés à le proposer à nos instances et nos gouvernants, évidemment gratuitement et sans en attendre quoi que ce soit. Et aussi vite que possible, pour ne pas perdre de temps et laisser s'enfoncer notre pays dans une situation incontrôlée. Car, à notre connaissance, les autorités sanitaires publiques ne disposent pas, en ce début 2020, de tels modèles. Pourquoi ? Nous sommes bien placés pour le savoir, nous qui venons du public et qui avons changé de logiciel pour ces raisons-là, justement. Pour une question de rythme de travail et de lourdeur administrative. Entre l'annonce du président et le début de notre travail, il s'est passé dix minutes. Nous savons qu'il n'en est pas de même du côté des instances publiques. Nous savons aussi que Santé Publique France ou les autres agences de santé du pays n'ont pas les compétences pour se lancer dans de tels chantiers. Seules les unités de recherche vont pouvoir faire quelque chose. Or les modèles sur lesquels ces organismes travaillent sont des outils d'ancienne génération, dits SIR, ou « à compartiments », qui ne modélisent pas les interactions mais fonctionnent différemment, de façon beaucoup plus grossière.

Le principe des modèles qui seront développés et qui sont directement comparables aux travaux de l'Imperial College de Londres est exclusivement basé sur l'évolution supposée du fameux taux R (le nombre de personnes contaminées par une personne infectée) en fonction des décisions prises. Mais l'efficacité du modèle dépend à 100 % des estimations faites quant à l'impact des mesures possibles sur le R. Ainsi, à l'Institut Pasteur, on va chercher à prévoir les conséquences que devrait avoir la fermeture des écoles ou l'instauration d'un couvre-feu sur l'évolution du R. Le problème, c'est que c'est un exercice hasardeux. La contrainte est donc de multiplier les hypothèses de départ : une baisse de 3 %, 5 % ou 10 % du R..., avant de proposer des prévisions selon ces différentes hypothèses.

Mais ces 3 hypothèses donnent finalement des résultats très différents. Et les prévisions qui sont alors faites sont presque inutilisables car trop hypothétiques et souvent simplistes. Par ailleurs, le modèle classiquement utilisé en France, celui issu de l'Imperial College de Londres, part du principe que chaque personne, quels que soient sa profession, son milieu, son âge, son contexte, est supposée avoir le même comportement que n'importe quelle autre. Une tribune publiée dans les colonnes du *Monde*, en avril 2020, le soulignera d'ailleurs en faisant grand bruit dans le petit univers des « modélistes » (R. Salmon – 8 avril 2020). Souvent, pour remédier à ces défauts, les auteurs des travaux qui seront publiés, conscients de la fragilité des hypothèses de base, élargiront à l'extrême l'échelle des possibles, avançant des prévisions si larges qu'elles sont, *de facto*, peu utiles. Un peu comme si la météo, manquant de données, vous prévenait chaque matin que la température pourrait être comprise entre 10 et 25 °C. Au moins, le risque de se tromper est ainsi limité.

Lorsqu'après trois semaines de travail véritablement acharné, nuit et jour, et de multiples opérations de validation et de tests, nous détenons enfin ce modèle de nouvelle génération, nous savons que nous bénéficions d'un véritable atout technologique dans une situation dont on connaît la gravité et l'urgence. Et nous sommes heureux de nous apprêter à contacter « qui de droit » pour leur offrir notre aide et celle de notre modèle. D'autant que la France a mis en place un Conseil scientifique qui sera, c'est certain, heureux de pouvoir bénéficier d'un outil supplémentaire. Mais ce même Conseil va nous réserver quelques surprises, tant dans sa composition que dans son fonctionnement.

Des confinements inévitables : vraiment ?

Le modèle construit par l'épidémiologiste britannique Neil Fergusson et suivi par ses élèves – dont le Français Simon Cauchemez –, a pour tort, à mon sens, de considérer que la population se montrera forcément passive devant une explosion des infections. Comme si, alors que votre voisin âgé vient de décéder de la Covid ou que, chaque jour, vos amis les uns après les autres vous disent qu'ils ont attrapé la Covid, vous ne changiez en rien vos habitudes.

C'est pourtant cette hypothèse qui a été retenue dans les premiers modèles qui concluent à des centaines de milliers de morts. Ces estimations initiales ressortiront erronées au regard de la réalité en termes de probabilités et, dans tous les cas, très éloignées de ce qui se serait vraiment passé sans confinement.

En effet, fin 2020, des travaux d'experts américains montrent qu'elles frôlent l'absurdité. En examinant l'évolution de l'épidémie au sein des États qui n'ont mis en place presque aucune mesure, ces mêmes experts se sont rendu compte que l'hypothèse de comportements constants est archifausse. En d'autres termes, la population ne se comporte jamais comme un ensemble de têtes brûlées inconscientes ! Au contraire, les comportements s'adaptent fortement au contexte viral. Oui, l'être humain réfléchit et s'adapte. Et c'est cette faculté d'adaptation, en particulier, qui explique sans doute les longs plateaux de contaminations qu'ont connus la France et le Royaume-Uni au début 2021. Les gens alignent leurs comportements sur les informations qu'ils recueillent et sur le vécu de leur entourage afin de trouver un point d'équilibre épidémique. De même, les personnes infectées symptomatiques vont automatiquement s'isoler. La nature est bien faite.

Ce constat pourrait ne pas avoir beaucoup d'importance et rester une découverte de santé publique anecdotique. Mais à la condition que les modèles qui ont justifié les confinements durs n'aient pas été essentiellement fondés sur le postulat d'une population inconsciente et incapable de s'adapter en dehors de mesures de restrictions sociales autoritaires et fortes. Il faut bien comprendre que, dès lors, il a paru impossible de ne confiner que la moitié du pays pour mesurer l'efficacité du confinement, puisque les travaux qui ont servi à justifier les phases successives ont tous été issus de cette modélisation. Or, celle-ci s'est avérée reposer sur une hypothèse que l'on sait maintenant fausse.

C'est donc sans surprise qu'à la fin de l'année 2021, des chercheurs de l'Université Johns-Hopkins, référence mondiale en matière de santé publique, ont publié un rapport sur la base, non pas des modélisations, mais des comparaisons entre pays sur des données réelles et qui conclut que les confinements ont probablement eu très peu d'impact sur l'épidémie par rapport à des mesures plus légères. On peut donc considérer aujourd'hui que les pays qui ont privilégié des mesures plus légères ont eu les mêmes résultats car les habitants ont su adapter leurs comportements, arrivant au même résultat que les pays coercitifs. Il faudra s'en souvenir pour les prochaines épidémies...

Le Conseil scientifique ou le grand retour en arrière

Le 11 mars 2020, peu de jours avant le discours d'Emmanuel Macron annonçant le premier confinement, Olivier Véran officialise la création du Conseil scientifique. L'instance est composée de 10 membres auxquels s'ajoute, dans les premiers temps au moins, un professeur Raoult déjà en marge, puisque le Marseillais refuse de siéger tout en acceptant de participer aux échanges et de dialoguer. Selon les textes, cette instance doit « éclairer la décision publique dans la gestion de la situation sanitaire liée au coronavirus ». Dès sa première prise de parole, à l'occasion d'une conférence de presse qui se tient le 13 mars, le Conseil, par la voix de son président Jean-François Delfraissy, proclame haut et fort sa volonté de travailler « en toute transparence », notamment grâce à la publication *in extenso* de ses avis.

Rapidement, pourtant, une polémique voit le jour. Une trentaine d'éminents juristes, qui ne sont pas, loin de là, des fauteurs de troubles publics, s'interroge dans la presse sur le manque de base légale de ce comité. Et ce, alors que de nombreuses autres instances, qui depuis des années « font le job », auraient parfaitement pu jouer ce rôle de conseil auprès de l'exécutif. Au détour de leur tribune, publiée le 13 avril dans les colonnes de *Libération*, ces juristes évoquent notamment le Haut Conseil de la santé publique qui donne ses avis sur toutes les menaces environnementales, et la Haute Autorité de santé au sein de laquelle se trouve la commission technique de la vaccination. J'applaudis à cette suggestion : nous travaillons régulièrement dans le cadre de notre entreprise avec la seconde et nous sommes très au fait des méthodes du premier.

Ces instances auraient pu, comme c'est le cas dans les autres pays, servir de socle au Conseil scientifique, vis-à-vis duquel je deviens assez vite critique. Pas tant au regard de ses avis qui, fin mars 2020, ne sont pas encore assez nombreux pour que je puisse me faire une opinion éclairée. Non, c'est plutôt sa composition qui me pose problème, alors même que le Conseil a pour mission capitale d'aider le gouvernement à discerner, parmi les mesures à prendre, celles qui sont potentiellement de nature à porter atteinte aux libertés.

La présidence en a donc été confiée à un médecin à la retraite de 73 ans, Jean-François Delfraissy qui, seul ou presque, en a coopté les membres en retenant les noms de ceux qu'il considérait comme les meilleurs, mais sans aucun contradictoire, sans aucune procédure officielle, même légère compte tenu de l'urgence. Or la Loi l'exige au travers de la charte de l'expertise sanitaire (annexe du décret 2013-413 du 21 mai 2013) qui fait partie intégrante du Code de la santé publique. Une charte qui impose notamment de rendre public le processus de désignation ou de sélection des experts. Ici, pourtant, rien de tel ne sera publié. Et la cooptation semble de mise.

Une réunion entre amis, en d'autres termes ? Certes, le trait serait un peu forcé, mais tout de même... D'abord, parmi les membres du conseil scientifique, deux sont associés au consortium REACTing – dont Yazdan Yazdanpanah – qui a été créé par... Jean-François Delfraissy quelques années plus tôt. Ensuite, à la lecture des CV retenus, Henri et moi comprenons que ces spécialistes ont été choisis parce qu'ils ont travaillé sur le VIH ou Ébola. Soit le même cercle que celui du Pr Delfraissy, connu essentiellement pour son rôle dans le développement des traitements du Sida, puis comme responsable de la coopération française sur Ébola. Poste qu'il a tenu à la demande du gouvernement de François Hollande, dont un des ministres était Emmanuel Macron.

Or, tout distingue ces deux épidémies de celle du Coronavirus : les modes de transmission, l'histoire de la maladie, les populations concernées, la saisonnalité de l'épidémie, les organes touchés par le virus et, donc, logiquement, la nature des mesures potentiellement efficaces. Il aurait été sans doute plus judicieux de sélectionner les meilleurs spécialistes de la grippe ou des maladies respiratoires afin d'adapter la composition du Conseil aux spécificités de la Covid-19. Mais non ! La familiarité, le compagnonnage, sans oublier la proximité avec le président de la République sont-ils des critères suffisants ? Rien n'est moins sûr et ce choix ne sera pas sans conséquence, notamment lorsque le Conseil se penchera sur la stratégie vaccinale.

Mais au-delà de la composition de cette instance, d'autres questions vont vite se poser, et mes inquiétudes ne seront pas apaisées par les discussions informelles que je pourrai avoir avec certains membres du Conseil, tout au contraire.

Ainsi, le 1er octobre 2020, sur le plateau de l'émission *C dans l'Air*, sur France 5, je débats avec un de ses membres, virologue, ardent défenseur du fameux « Tester – tracer – isoler » qui constitue à mes yeux un véritable chef-d'œuvre technocratique et idéologique, une usine à gaz totalement inadaptée à ce virus et qui finira, dépassée, au fond d'un tiroir du ministère, et ce malgré les 8 000 agents mobilisés pour l'occasion.

Parfois, et ce sera de plus en plus le cas au cours de ces deux années, les émissions de télévision sont un peu comme des matchs de rugby au cours desquels les coups pleuvent pendant 80 minutes, ce qui n'empêche pas les deux équipes de se retrouver, après la douche, autour de quelques bières. Je vous rassure : à France 5 et chez *C dans l'Air*, les affrontements sont verbaux, exclusivement, se déroulant de surcroît à fleurets mouchetés. Et il n'y a pas de douche ! Mais il arrive fréquemment que ceux qui ont défendu des points de vue diamétralement opposés échangent des idées, avant ou après l'émission, autour d'un café ou d'un verre de soda (mais pas de bière !).

C'est ce qui se passe ce jour-là. Curieux, et encore dans le sujet de nos débats, je questionne alors cet éminent virologue sur la méthode que le Conseil a retenue pour évaluer les résultats du « Tester – tracer – isoler » dont il venait de vanter les mérites. « Une méthode ? Nous n'avons pas de méthode ! Et nous n'avons aucune équipe pour travailler avec nous ! Pas même un étudiant pour travailler sur la bibliographie. Chacun a son réseau personnel, que nous sollicitons parfois. Avant de discuter entre nous et, quand c'est possible, de nous mettre d'accord sur un avis », me dit-il en substance.

Je tombe des nues ! Et pour cause : au sein de la Haute Autorité de santé, agence que je connais bien, des commissions, en réalité des collèges d'experts, fonctionnent en permanence et se prononcent sur des dossiers certes complexes mais moins essentiels que les questions qui sont posées au Conseil scientifique. Des collèges qui sont assistés par des équipes mobilisées pendant plusieurs semaines et qui donnent lieu à des exposés complets, parfois même à des diffusions vidéo et, finalement, à un vote. Mais au Conseil scientifique, rien de tout cela : des avis de trois pages, sans mentions des sources ni exposés des motifs, rédigés à la suite d'une discussion et sans aucune notification d'une opposition interne ou d'un apport extérieur. Si le premier avis est publié avec des références, les suivants seront livrés « bruts » et privés de toute mention complémentaire, sans parler évidemment des éléments relatifs aux votes qui ne seront jamais communiqués. Et ce, en contradiction avec les règles relatives à la charte de l'expertise sanitaire, à laquelle, pourtant, le Conseil scientifique adhère !

Ainsi, le gouvernement va suivre les avis d'un Conseil scientifique qui ne respecte pas les règles républicaines, sans que cela lui pose problème. Des avis du Conseil qui, en conséquence, ne sont plus que l'expression de l'opinion de ses membres et non celle d'une expertise sanitaire constituée, éprouvée et vérifiée selon les normes en vigueur. Et il faut, quoi qu'il arrive, croire le Conseil scientifique sur parole.

Je doute fort que les experts des différentes agences ne partagent pas nos réserves majeures sur le fonctionnement de cette instance. Pas de synthèse claire et complète de la littérature scientifique mais des coups de téléphone à des « collègues », une modélisation de l'épidémie basée sur un schéma dépassé qu'aucun membre du Conseil n'est censé vraiment maîtriser et, surtout, aucune expertise extérieure alors que ses membres sont les spécialistes d'une maladie qui n'a rien à voir avec la Covid-19.

Voilà donc comment fonctionne cette instance qui va dicter la vie des Français pendant deux ans.

Plus de vingt points de dettes supplémentaires, 450 milliards d'euros de pertes pour notre économie, des conséquences psychosociales dramatiques qui vont probablement perdurer pendant des années, une jeunesse qui aura dû sacrifier une partie de sa vie et de ses études... Tout cela sur la base de discussions entre une douzaine d'experts, pour certains autoproclamés, cooptés entre eux et qui ont ignoré le sens du mot transparence.

Le mur entre public et privé : infranchissable

Peut-être fallait-il choisir une autre date ? Peut-être que si Henri et moi avions décidé d'envoyer une partie de nos mails et messages non pas le 1er avril mais le 2 ou le 3, nos destinataires n'auraient pas cru à un canular... Quoi ? Comment ? Une entreprise privée qui vient mettre son grain de sel dans nos illustres travaux ? Une équipe de jeunes vantards qui osent prétendre que leur modèle pourrait être plus efficace que les analyses de nos sommités académiques, en poste depuis des lustres et dont les cartes de visite ne sont pas assez grandes pour y inscrire toutes leurs distinctions académiques et autres titres de gloire que leurs amis leur ont attribués ? Ce ne pouvait être qu'un poisson d'avril !

Pourtant, nous avons décidé de « ratisser large ». En ce 1er avril, nous envoyons un manuscrit résumant notre modèle ainsi qu'un *digest* des différents scénarios de déconfinement au cabinet du Premier ministre Édouard Philippe, au ministère de la Santé où nous disposons en la personne de notre ami Clément Lazarus d'un contact particulier, mais également à la Direction générale de la santé ainsi qu'à Arnaud Fontanet, membre du Conseil scientifique et dont nous connaissons la proximité avec les décideurs du gouvernement. À ce stade de la pandémie, la France ne dispose d'aucun modèle spécifique à notre pays et le gouvernement appuie ses prévisions – et donc ses décisions – sur les seuls travaux de l'Imperial College de Londres.

Très vite après avoir reçu nos éléments, Clément Lazarus nous répond en nous proposant d'en parler à qui de droit. Et nous demande si nous souhaitons être rémunérés. Ce à quoi nous répondons que nous agissons de façon totalement bénévole, *pro bono* comme disent les avocats. Un ami journaliste me dira plus tard : « C'est peut-être pour cela que personne ne vous a répondu ! Tu penses : des experts d'une entreprise privée qui affirment avoir entre leurs mains un modèle particulièrement efficace et qui pourtant, ne joignent pas la moindre note d'honoraires... Tu crois que les consultants de McKinsey qui ont été appelés en renfort au moment de la campagne de vaccination n'ont pas lourdement facturé leurs services ? » Pour autant, nous n'envisagerons pas un seul instant de tirer le moindre profit de notre travail.

Deux semaines après notre premier envoi, Clément, toujours lui, nous répond : « Les choses sont toujours en cours d'organisation mais dès qu'on atterrit, je compte effectivement bien mettre tous les modélisateurs en contact. » Sur ses conseils, nous transmettrons l'ensemble des éléments à Victoria Colizza qui, selon lui, dirige l'équipe en charge des modélisations à l'Inserm. Nous lui précisons que nous avons conçu un « Agent Based Model Covid-19 » dont nous lui joignons les manuscrits ainsi que les dernières mises à jour. « Nous aimerions discuter avec vous afin de challenger nos résultats respectifs ainsi que nos hypothèses et inputs. » Nous n'aurons jamais la moindre réponse de Victoria Colizza, pas même un accusé de réception. À croire qu'elle n'est pas intéressée. Elle aurait dû pourtant...

Elle n'est pas la seule. Deux semaines passent encore, soit presque un mois. Malgré plusieurs relances, malgré nos publications et nos efforts pour joindre les bonnes personnes au bon moment, tout en rappelant à chaque fois notre décision d'agir gratuitement, sans le moindre remboursement de frais, la moindre petite note d'honoraires, nous nous heurtons à un véritable mur du silence. Pourtant, je suis sûr de moi, ou plutôt de nous, de cette expertise que nous développons depuis des années avec Henri. Et il est clair que le silence de nos « interlocuteurs » n'a rien à voir avec la qualité de nos travaux et l'excellence de notre modélisation.

Ils savent que nous faisons du bon boulot. Nous travaillons depuis des années pour des clients particulièrement exigeants, qu'il s'agisse de l'OMS, du ministère de la Santé, de l'Institut national du cancer ou de laboratoires pharmaceutiques qui ne nous reconduiraient pas d'un contrat à l'autre si nos travaux n'étaient pas irréprochables. De plus, nos études sont publiées dans les meilleures revues. Nous remportons nombre d'appels d'offres face aux équipes académiques avec des évaluateurs qui nous disent souvent « il n'y a pas photo » ou « leur proposition est totalement à côté ».

Alors pourquoi ? Pourquoi ces mails sans réponses, ces SMS sans même un accusé de réception, ces messages et ces courriers envoyés dans le désert, alors même que notre pays ne dispose alors d'aucune modélisation efficace ? Et qu'il paraît difficile de se dire que nous avons le temps d'attendre nos amis académiques. Pour l'anecdote, Victoria Colizza et son équipe décideront, finalement, de se lancer dans la conception d'un modèle issu de la même technique que la nôtre. Mais ils le sortiront plus d'un an plus tard.

Rassurez-vous, il n'y a pas dans ce constat le moindre signe de paranoïa. Car nous ne sommes pas les seuls à nous heurter à un système trop sûr de lui, trop enfermé dans ses traditions et ses corporations, trop convaincu que ce qui ne vient pas du sérail que forme cette technostructure n'a aucune valeur. Et qui ne voit, dans toute aide venue de l'extérieur, qu'un risque. Le risque que leurs propres limites soient exposées aux yeux des décideurs ou du grand public. Un système qui ne daigne pas porter le moindre intérêt à ce qui sort du circuit, à ceux qui tentent de bousculer la hiérarchie parce qu'ils veulent faire avancer une piste jusqu'alors inexplorée. Mais comme cette piste n'est pas née du groupe officiellement désigné pour gérer la pandémie, elle semble *de facto* sans intérêt !

Durant cette crise, à côté de combien de pistes prometteuses, d'analyses pourtant argumentées et originales, de projets qui auraient pu tout changer, est-on passé, simplement parce que les promoteurs ne figuraient pas dans cette liste fermée des acteurs autorisés à penser ! Penser, pourtant, c'est le fort d'un psychiatre de nos amis dont nous tairons le nom pour qu'il ne soit pas, demain, freiné dans sa carrière à cause de nos révélations.

Ce praticien, que j'ai croisé durant mes études à l'université Paris-Saclay, est considéré comme un des psychiatres les plus brillants de sa génération. N'étant pas encore quadragénaire, il a publié plus de 130 articles scientifiques. Une performance dans sa spécialité. Après son doctorat d'épidémiologie à New York, au sein de l'université de Columbia – un établissement qui jouit d'une réputation planétaire et qui a tout fait pour le garder et l'engager – il a choisi de rentrer à Paris pour des raisons personnelles et familiales, autant que par attachement à la France. Il est aujourd'hui rattaché pour sa pratique et sa recherche à deux éminentes instances.

Dès le début de la première vague de la pandémie, en mars 2020, il est frappé par le faible nombre de patients qui, au sein des services de psychiatrie, sont atteints de la Covid. Pour valider ce constat, il obtient l'accès au stock de données de l'institution hospitalière et découvre là un incommensurable foutoir. Il devra passer quinze jours et quinze nuits, avec l'aide d'un statisticien, pour remettre de l'ordre dans les fichiers. Et il lui apparaît qu'en effet, il n'y a quasiment aucun malade de la Covid chez les patients qui sont traités par deux antidépresseurs clairement identifiés. Il publie alors un premier article auquel s'ajoute, dans la foulée, plusieurs publications. Cet excellent spécialiste est par ailleurs doté d'une très bonne plume scientifique et nous lui avons dès le début de nos recherches, proposé de participer à notre « aventure ». Aussi l'avons-nous presque quotidiennement au téléphone et il nous fait part de ses découvertes. Vite, il envisage de lancer une étude clinique pour valider ses observations. Celle-ci est un passage obligé pour qui veut explorer une piste thérapeutique ou démontrer l'efficacité d'un traitement.

Une telle étude passe par la sélection d'une cohorte de patients, que la rumeur publique désigne un peu facilement comme des « cobayes », cohorte qui, généralement, est divisée en deux sous-groupes. À l'un on administrera le médicament testé, à l'autre ce que l'on désigne par le nom de « placebo », généralement un comprimé de sucre et d'eau, parfaitement inoffensif ou une perfusion de sérum physiologique. Ainsi peut-on évaluer l'effet psychologique de la prise d'un produit, qui en réalité n'a aucun effet en lui-même, mais qui suffit parfois à provoquer chez une petite partie des patients un effet positif sur la pathologie par le simple fait d'y croire. Le lancement et la conduite d'une étude clinique sont strictement encadrés par la législation et exigent de nombreuses autorisations. C'est également une phase coûteuse, certains produits nécessitant des dizaines parfois même des centaines de millions d'euros d'investissement afin que l'étude soit suffisamment large pour être significative. En temps normal, le processus de validation d'un essai et de ce que l'on appelle son *design* ou son protocole est long, souvent plusieurs mois.

Mais durant la crise sanitaire on a assisté à une telle mobilisation des scientifiques et des différents intervenants, administration comprise (comme quoi, parfois...), que tout a été accéléré sans pour autant que la sécurité des patients n'ait été négligée. On peut d'ailleurs aujourd'hui espérer que les leçons en seront tirées et que, l'expérience ayant été faite d'une conséquente réduction de ces délais, on pourra ne plus perdre autant de temps qu'auparavant pour permettre aux patients d'avoir un accès plus rapide aux traitements innovants.

C'est dans ce contexte d'urgence que notre ami psychiatre a souhaité lancer son étude clinique.

Mais, par discipline et respect vis-à-vis de l'institution qui l'emploie, il a voulu réaliser cette étude au sein de son institution. Elle dispose en effet d'une unité de recherche clinique, mais avec les procédures et les impératifs qu'elle impose... Institution que je connais bien et dont je sais qu'elle n'est pas la plus réactive. Institution qui, avant tout, n'apprécie que très peu les initiatives de quelques jeunes trublions qui n'ont pas la décence d'attendre d'avoir 45 ans et qu'on leur en donne l'autorisation pour avoir des idées. Lorsque, de surcroît, le trublion en question est un « simple psychiatre », aussi talentueux soit-il, les obstacles sont plus nombreux que les encouragements.

À notre ami, je fais part de cette situation, que nous sommes très nombreux à avoir affrontée par le passé et je lui conseille, par soucis de rapidité et d'efficacité, de s'adresser plutôt à un prestataire, une de ces entreprises que l'on appelle CRO (pour Contract Research Organization). Elles savent gérer un essai clinique de bout en bout, rapidement et dans le plus total respect des législations en vigueur. Certains de ces « sous-traitants de la recherche » sont d'énormes entreprises comptant plusieurs milliers de scientifiques parmi leurs équipes. Ces interventions ont un coût, évidemment, mais il se trouve qu'un certain Kurt, entrepreneur de la Silicon Valley qui a fait fortune dans l'informatique, a entendu parler des publications de notre ami et qu'il est disposé à financer ses premières recherches. Un financement qui peut aller, selon le bienfaiteur américain jusqu'au million de dollars, et plus si besoin.

Je connais bien le paysage français des CROs pour avoir travaillé avec certaines d'entre elles et je prends l'initiative de demander quelques devis. Mais notre ami s'acharne à ne pas vouloir sortir des rails institutionnels, au point que nous avons, sur le sujet, une discussion franche, selon l'expression consacrée ! Il a l'idée, il a l'argent, potentiellement tout du moins, et les possibles services d'un intervenant expert, mais il semble décidé à passer par l'unité de recherche clinique relevant de la grande mécanique publique et qui, contactée par lui, a évidemment affirmé qu'elle allait l'aider. « Ils vont te bloquer ! Tu t'es mis tout seul entre les tentacules de la pieuvre ! » Mais il ne veut pas m'entendre et soumet finalement son dossier à la Commission chargée de donner le consentement de l'institution et les moyens qui théoriquement l'accompagnent.

Malgré l'urgence et les milliers de morts qui s'accumulent dramatiquement chaque soir dans les graphiques du gouvernement et, comme je le craignais, plusieurs semaines se passent sans aucune nouvelle de ladite Commission. Et c'est alors que je croise la dirigeante d'une des entreprises que j'avais sollicitées pour un devis. Elle a ses entrées au sein de la fameuse Commission avec laquelle elle collabore régulièrement : « Je sais par la vice-présidente qu'ils ont bloqué le projet. Ils feront tout pour éviter qu'il conduise son étude. Et ne me demande pas pourquoi, je n'en sais rien ! Est-ce qu'eux-mêmes le savent, d'ailleurs ? » Mais pendant ce temps, des Américains et des Brésiliens ont eux aussi lu les travaux de notre ami et pris au sérieux cette piste des antidépresseurs et lancent sans attendre leurs études cliniques. Les Allemands, en particulier, veulent comprendre le mécanisme et progressent vite dans ce sens, ils ont eux aussi lu les premières publications de notre ami et lui proposent de les rejoindre. Tout le monde l'a identifié comme le « premier explorateur » et il est même contacté personnellement par la toute-puissante Agence du médicament américaine, la Food and Drug Administration.

Face à cette mobilisation générale et alors que les premiers résultats obtenus sont prometteurs, notre ami finit par obtenir un rendez-vous avec le Pr Yazdan Yazdanpanah, infectiologue, directeur de l'Agence nationale de recherches sur le Sida et les hépatites virales, membre du Conseil scientifique et proche du Pr Delfraissy. Il semble vouloir encourager les travaux de notre ami qui va, enfin, pouvoir expliquer ses études et ses premières conclusions devant une commission. Puis une deuxième... Et une troisième... Chaque fois, il est chaudement félicité. On lui affirme que ses travaux sont parmi les plus convaincants jusqu'à aujourd'hui. À tel point qu'il est reçu à l'Élysée par Matthieu Landon, le conseiller « Économie et Innovation » du président, qui semble réellement enthousiaste.

Tout est prêt pour qu'il puisse soumettre un dossier auprès de l'Agence du médicament, l'ANSM, mais les rendez-vous qu'il obtient avec le patron de cette agence sont successivement repoussés, avant qu'enfin les deux hommes se retrouvent face à face. C'est, pour notre ami psychiatre, l'occasion de s'entendre dire qu'il est inutile d'aller plus loin ! Le Pr Yazdan Yazdanpanah a déjà contacté la direction de l'ANSM. Le dossier ne sera pas soumis à ses experts. « Nous ne traitons que les choses qui viennent ou qui sont soutenues par le Conseil scientifique. »

Pourquoi une telle opposition indirectement imputée à celui qui quelques mois plus tôt semblait pousser notre ami à se lancer ? Une de mes relations, journaliste habitué des coulisses de la santé, me glisse une possible réponse : « N'oublie pas que Yazdan Yazdanpanah est à la tête du consortium de recherche REACTing chargé, depuis le début de la crise, d'évaluer, de coordonner et de financer la recherche française en matière de Covid-19 et notamment du fameux essai Discovery qui fut un échec exemplaire. » J'ai peine à le croire. Ce qui est sûr, en revanche, est que REACTing n'aboutira à rien en deux ans de crise et combien de millions d'euros, sinon à tenter de traiter les malades avec du plasma de patients convalescents, piste qui n'a retenu bizarrement aucune attention en dehors de la France.

Face à cet autre mur infranchissable, notre ami se résout à collaborer avec les équipes étrangères pour développer ses traitements. Il finira même par créer sa propre start-up, financée par des fonds britanniques et américains. Non seulement, la recherche publique française n'aura pas réussi à terminer un seul essai clinique, elle n'aura pas découvert le moindre traitement contre la Covid, mais elle aura également tenté de dissuader un de nos plus prometteurs médecins-chercheurs français de poursuivre ses travaux. Ce qui ne lui sera redevenu possible qu'en tournant le dos aux structures nationales et étatiques.

Cette aventure est, à mes yeux, exemplaire du fonctionnement de la « technostructure santé » dans notre pays. Il confirme le problème immense que posent aujourd'hui des institutions toutes puissantes qui fonctionnent en circuit fermé et à la tête desquelles quelques apparatchiks s'acharnent à bloquer toute initiative individuelle et extérieure. Des institutions qui font peur aussi aux jeunes talents de notre science et de notre médecine. Ces talents qui n'ont plus alors le choix qu'entre l'immobilisme ou l'expatriation. S'ils choisissent de rester, comme l'a fait notre ami, ils se retrouveront systématiquement englués puis bloqués et enfin dégoûtés. Un système qui explique aussi le marasme dans lequel se trouve aujourd'hui l'hôpital public qui, loin des clichés, ne souffre pas que d'un problème de ressources financières mais bien d'une forme de paralysie provoquée par ces personnalités qui en ont fait leur chasse gardée. Et qui s'opposeront toujours au moindre changement susceptible de menacer leur position et leurs privilèges. C'est pour échapper à ce système sclérosé qu'Henri et moi avons décidé de « passer au privé ». Sans pour autant renoncer, comme en ce 1er avril 2020, à apporter notre aide, gratuitement (désolé de le redire une fois encore) lorsque la situation de notre pays devrait permettre de dépasser ces clivages artificiels... Devrait permettre...

La bataille
des plateaux télé

Les médias ou la stratégie du contournement

Près de deux années ont passé depuis que nous avons, Henri et moi, choisi de ne pas nous heurter stérilement à ce mur infranchissable, trop haut et trop résistant pour nous, fort de tous ces corporatismes et cimenté par l'importance des intérêts qu'il protège. Cette stratégie de l'affrontement était perdue d'avance. Au mieux, et comme notre ami psychiatre, nous aurions perdu plus de 20 mois. Or, la gravité de cette pandémie et ses conséquences sur la société, sur les plus faibles d'entre nous, sur les jeunes, ne nous laissaient pas le loisir de faire silence. Du tout. Oui, mais comment ?

Évidemment, lorsque nous décidons de nous affranchir de la « technostructure santé », de ses pesanteurs et de sa hiérarchie, je n'imagine pas un seul instant que nous aurons, de la part des médias, un tel accueil. Plus d'un millier de fois, parfois à plusieurs reprises dans la même journée – le « record » étant de sept interventions TV en

24 heures – je vais aller m'asseoir autour de la table d'un studio de télévision. À ceux qui ont vu dans cette hyperactivité médiatique le résultat d'un égocentrisme déplacé, compte tenu du contexte, ou encore une façon déguisée de faire de la pub pour notre entreprise PHE, je veux, avant même que nous poursuivions ce récit, préciser deux ou trois choses.

Bien sûr, je n'ai tiré aucun profit, direct ou indirect, de ces centaines d'émissions. Les intervenants, sauf lorsqu'ils sont des journalistes attitrés du média concerné, ne sont pas rémunérés. Et au regard de la nature des prestations de PHE, hypertechniques et qui passent quasiment toujours par des procédures d'appels d'offres, ce ne sont pas 15 minutes sur le plateau d'une chaîne info qui auront convaincu un des responsables de l'OMS, de l'Inserm ou d'un grand laboratoire pharmaceutique, de nous confier l'évaluation des conséquences macro-économiques et sanitaires de l'introduction en France d'un nouvel anticancéreux ou d'une campagne de dépistage. Public Health Expertise, n'en déplaise à certains journalistes de TMC et de l'émission *Quotidien*, n'est pas une agence de communication ni un fabricant de stylos publicitaires.

Mieux – ou pire, en fait, pour la vie quotidienne de l'entreprise –, les heures passées sur les plateaux de télévision sont autant d'heures que je ne peux consacrer aux dossiers en cours. Impossible de mettre entre parenthèses l'activité de PHE sous le prétexte de ces multiples prises de parole. Une dizaine de personnes vivent grâce à l'entreprise et certaines d'entre elles, pour être tout à fait honnête, ne sont pas franchement ravies de me voir quitter le boulevard Sébastopol deux ou trois fois par jour, parfois au beau milieu d'une réunion, parce que LCI, CNews ou BFMTV me demandent en urgence de rejoindre la chaîne. Mais, une fois encore, nous sommes convaincus qu'il y a nécessité à faire passer notre message, que la situation est trop grave, trop fragile pour ne pas tout tenter, à compter du moment où, faute de pouvoir agir autrement, nous avons choisi les médias comme porte-voix. Et je le sais : même ceux qui, dans « la boîte », préféreraient me voir sagement rester à leurs côtés estiment que le jeu en vaut la chandelle !

Pourtant, avant la toute première de ces centaines d'émissions auxquelles j'ai participé, je n'avais jamais mis les pieds sur un plateau de télévision. « Pas mon truc ! » D'autant que ni chez mes parents, durant mon enfance et mon adolescence, ni plus tard, chez moi, je n'ai eu le plus petit écran de télévision. Et les heures que j'ai passées dans ma vie à regarder la télé doivent se compter sur les doigts de mes deux mains : « Voilà probablement qui explique, en partie tout du moins, pourquoi tu es un bon client, comme on dit entre nous », m'explique un jour un ami journaliste qui, pendant quelques années, a animé en direct une chronique santé quotidienne. « Tu n'as pas conscience de ce que c'est, du poids de ce média, des conséquences que peut avoir une seule émission. Et donc, tu pénètres sur le plateau comme dans une salle de réunion, sans te préoccuper de ce que les autres, les téléspectateurs vont voir sur leur petit écran. Ton ignorance presque totale de la télévision et de ses codes est la garantie de ton naturel. »

Enfin, soyons clairs, je n'ai jamais sollicité une seule de ces interventions ! Je n'ai jamais téléphoné à Pascal Praud, à David Pujadas ou à Cyril Hanouna pour quémander quelques minutes de micro. Chaque fois, ce sont les équipes en charge de la programmation qui m'ont proposé de participer, jamais l'inverse.

Au total, la seule et unique fois où nous avons été demandeurs, proactifs vis-à-vis des médias, aura été la première. Et aussi la dernière. Au cours de ce terrible mois d'avril 2020 où nous désespérons de recevoir la moindre réponse à nos différents envois, je contacte un ami, le Dr Emmanuel Loeb, qui a été, pendant deux ans, le président du Syndicat des internes et qui a alors entretenu de nombreuses relations avec la presse. Il me donne quelques noms et les adresses mails qui vont avec. Je me lance un peu au hasard.

Un appel me renvoie vers le journal *L'Opinion* qui, le 29 avril, évoque notre modèle et nos prévisions. C'est là aussi une première. Le quotidien relaie alors nos analyses initiales qui estiment à 85 000 le nombre de morts et qui préconisent un déconfinement par classe d'âges. Dans la foulée, on me demande quelques interviews à distance, par Skype, au cours desquelles j'ai le sentiment de ne pas pouvoir réellement développer nos idées et notre travail. Mais l'émission à laquelle je vais vraiment participer arrive assez vite. LCI me propose d'intervenir en plateau.

Une grande première, là également, pour moi. Je me souviens du trajet en Uber passant par un périphérique vide. Un paysage urbain surréaliste. Un climat de fin du monde. Une fois dans les studios j'ai le sentiment de retrouver un peu de chaleur humaine, comme un petit bout de vie normale, un îlot du monde d'avant. Là, durant l'émission, je prends conscience de l'intérêt que l'on peut porter à ce que je dis. Il n'y avait pas d'invectives, pas même d'interruption. Une écoute à la hauteur de l'enjeu et de la gravité de la situation ! Mais aussi quelque chose dans l'ambiance de ce plateau semble vous interdire la moindre approximation, la moindre erreur. Et même si, finalement, j'en ressors avec le sentiment de ne pas avoir tout dit, je sais que le message principal est passé. Et que peut-être, si je m'améliore un peu, je parviendrai, *via* les médias, à dire ce que je n'ai pas eu le droit de dire à nos grandes institutions. Encore faut-il pouvoir parler au plus grand nombre ! Et donc multiplier les interventions, même dans des émissions où la science n'a pas toujours sa place, telle que *Touche pas à mon poste*.

J'assume parfaitement d'avoir participé à l'émission qu'anime Cyril Hanouna. Un choix qui m'a été parfois reproché, par certains de mes amis notamment, mais que je ne regrette pas un instant. Comme je ne regrette aucune des minutes passées sur le plateau de David Pujadas sur LCI.

Je n'ignorais pas l'excellente réputation de professionnalisme et d'indépendance dont jouit ce journaliste. Mais aujourd'hui je sais pertinemment pourquoi ! Avant tout parce que Pujadas adopte une approche presque « scientifique » de son métier. Il analyse tout, les faits comme les points de vue. Il fait très intelligemment travailler ses équipes, chaque sujet de l'émission étant présenté de façon à permettre un débat éclairé, débat qui pour autant peut aussi s'emballer. Mais les faits ont toujours été exposés préalablement et pas en 45 secondes d'introduction bâclée, sans chiffre ni référence. C'est probablement cette approche « rationnelle » qui m'a rapidement donné le sentiment d'être parfaitement à l'aise dans une configuration qui m'est plus habituelle, plus proche de ma pratique dans le cadre du métier que j'exerce. J'ai immédiatement l'impression d'être à ma place, légitime, aidé aussi par la bienveillance de Pujadas vis-à-vis de ceux qui acceptent de participer à son émission. Pour autant, il ne laissera jamais passer une réponse imprécise ou incomplète. Il se met à la place du téléspectateur qui veut comprendre et se faire son idée. Et par conséquent, il vous donne envie de le convaincre.

Lorsque je deviendrai un des intervenants récurrents de son édition du lundi soir, je m'investirai plus que pour tout autre programme, en préparant mon passage pendant des heures, multipliant les coups de fil pour vérifier mes chiffres, et « bossant » mes sujets comme si j'allais les présenter devant un grand jury. Là, sur ce plateau, j'aurai toujours eu le temps de présenter nos données, nos prévisions, nos propositions. Et David Pujadas me fera souvent l'honneur de mettre en valeur nos travaux comme étant les plus proches de la réalité quant à l'évolution de la pathologie.

Très vite je vais également découvrir la face sombre de cette petite notoriété médiatique, surtout dans un contexte aussi conflictuel que celui de cette crise sanitaire où chacun, de la boulangère au chauffeur de taxi en passant par l'ingénieur en aéronautique, semble se piquer d'être un expert en virologie pour défendre « sa » thèse. Et parfois, donc, celle du complot. Ainsi, à plusieurs reprises, je vais être pris à partie et insulté dans le métro. Si mes enfants sont avec moi, je réponds à ces saillies pour leur montrer qu'il ne faut jamais laisser quiconque vous manquer de respect. Mais certaines de ces agressions sont plus surprenantes, angoissantes presque.

Un jour, j'avance en direction d'un homme dans la rue. Je ne vois pas son visage, dissimulé sous une capuche. Arrivé à ma hauteur, il se retourne et me pousse brutalement avec ses deux bras. Je reste abasourdi alors que lui marche encore quelques mètres avant de s'arrêter et de me fixer avec un regard provocateur. Il n'attend qu'une chose, que je lui réplique mais je n'entends pas lui procurer le plaisir d'un affrontement musclé. Je n'ai pas eu peur. Je suis simplement abasourdi qu'on puisse en arriver là !

Je comprends ce jour-là à quel point la discussion est devenue pour certains impossible, qu'elle sonne à leurs oreilles comme une agression verbale qui mérite une agression physique en retour. Me voilà, je dois l'avouer, perturbé par l'attitude de cet homme au point que, de retour chez moi, j'annule ma venue sur le plateau de *Touche pas à mon poste*. J'ai instantanément besoin de solitude et, surtout de sérénité, une pause dans cet enchaînement de prises de parole et de débats, parfois houleux. Est-ce mon attitude et celle des autres participants à ces rendez-vous médiatiques, depuis des mois, qui ont fini par encourager cet homme à agir ainsi ? Je me suis posé sincèrement la question ce soir-là. Et je me la pose encore, même si je demeure convaincu qu'il ne faut jamais renoncer à dire ce à quoi l'on croit.

Le dogme du traçage plutôt que la règle de calcul

« Tester – tracer – isoler » ? Outre la débauche de moyens que cette approche aurait dû nécessiter pour être éventuellement appliquée de manière réaliste, outre l'autorité sans faille qui aurait dû s'exercer et les rudes sanctions qu'il aurait fallu envisager et exécuter afin que le « isoler » soit respecté, ce sont bien la nature de ce virus et ses spécificités, pourtant connues de tous, qui vidaient a priori cette démarche d'une large partie de son efficacité potentielle. Elle a pourtant été entonnée avec force trompettes.

Or, la période de contagiosité maximale du virus se situe avant même que les symptômes n'apparaissent... s'ils apparaissent. Que constate-t-on dès lors ? Que, dans l'immense majorité des cas, tout du moins avant l'instauration du « pass sanitaire » ou l'apparition du variant Omicron, les personnes concernées se décident à se faire tester lorsqu'un doute existe quant à leur possible positivité, c'est-à-dire après la survenue des tout premiers signes – fièvre ou toux notamment. Ce qui signifie qu'ils ont déjà pu contaminer leurs cercles de proches avant de connaître leur positivité.

C'est l'épidémiologiste et biostatisticienne française Catherine Hill elle-même qui a souvent rappelé le *timing* de la Covid-19, démontrant ainsi, peut-être sans le vouloir, à quel point une telle tactique est sans effet réel. Selon elle, la plupart des patients sont en réalité contagieux pendant une durée de 12 jours, dont 5 avant que le premier symptôme n'apparaisse. Et, en moyenne, le test intervient 48 heures après la première toux ou la poussée de fièvre, test dont les résultats sont confirmés 24 heures plus tard. Aussi, sur 12 jours de contagiosité, 8 se passent avant de pouvoir envisager un isolement qui ne sera strictement respecté que si on place un CRS devant la porte de la chambre du « malade ». De plus, la liste des cas contacts ne peut être exhaustive qu'après un interrogatoire digne d'une enquête de police. Un comptage qui n'a jamais été établi correctement. L'Assurance maladie a appelé moins de deux contacts en moyenne par personne infectée, alors que des enquêtes réalisées avant la crise montrent que les Français ont en moyenne plus de cinq contacts à risque par jour. Autant dire que les individus exposés ont été testés pour moins de la moitié.

Mais l'illusion va dominer. Imaginer que le « Tester – tracer – isoler » puisse nous permettre de contenir la pandémie, c'est à l'évidence sous-estimer la Covid-19 et l'une de ses principales « qualités » : elle va plus vite que nous ! Et pourtant... il semble que tous les membres du gouvernement ont, dès le début de cette pandémie, avalé le document sur lequel figurent les éléments de langage jugés *ad hoc* au point de les régurgiter avec application dès qu'un micro s'offre à eux. À l'inverse, au moment de dresser le bilan de ce

« Tester – tracer – isoler », voilà que nos ministres et autres responsables se montreront beaucoup plus discrets.

Chaque fois que j'ai évoqué le sujet sur un plateau, j'ai pu constater le même silence radio. Et pour cause : 8 000 agents ont été recrutés ou mobilisés par la Caisse nationale d'assurance maladie afin de jouer les pisteurs encadreurs. Pour quel résultat ? C'est un secret d'État ! Selon certaines études qui ont été menées dans les pays où d'énormes moyens avaient été mobilisés, le « Tester – tracer – isoler » a permis d'identifier un cas sur trois au maximum ! Combien de temps et d'argent avons-nous perdu en nous berçant d'illusions au sujet de cette approche dont l'inutilité est inhérente à la nature même du virus et à la qualité de la mise en œuvre ? Là aussi, secret d'État ?

Masque et aération au lieu de gel et distanciation

Tout comme l'inefficacité du « Tester – tracer – isoler » est devenue une évidence scientifique dès que nous avons pu un tant soit peu décrypter le « mode de vie » du coronavirus, le mode de transmission de la Covid-19 a longtemps fait l'objet de « présupposés » qui ont encouragé les pouvoirs publics à faire des choix au mieux inutiles. Mais qui ont eu pour effet de brouiller les cartes et de donner l'impression d'un gouvernement avançant à tâtons, quoique sans jamais reconnaître qu'il ne sait rien. Il lui faut visiblement donner, quoi qu'il en soit, le sentiment d'agir, quitte à devoir virer à 180° un peu plus tard et perdre ainsi, par petits bouts, la confiance des Français.

Tel est le cas dans la polémique dite « des masques » qui va coûter cher à l'image de nos gouvernants. Sincèrement, je ne sais pas combien il y a, au début de la crise, de FFP2 ou de masques chirurgicaux en stock et combien de millions d'entre eux ont été détruits comme de vulgaires yaourts périmés pour cause de date limite d'utilisation dépassée. Mais ce que je sais, à coup sûr, c'est qu'en réalité, les masques ne prendront un tour impérieux qu'après que l'on aura véritablement compris le mode de transmission du virus. C'est la conversion de la communauté scientifique à l'aérosolisation qui va tout changer.

Souvenons-nous. Dans les premiers mois de la pandémie, on se jette sur le gel hydroalcoolique comme s'il s'agissait du remède miracle contre la transmission du virus. Il convient de désinfecter ses chaussures et tout ce qui a pu traîner dehors, tout en prenant garde à ne pas toucher, pendant au moins quelque 120 minutes, les colis livrés par Amazon qui doivent être déposés à un mètre cinquante de votre porte d'entrée. On affirme alors que des traces de virus peuvent être retrouvées sur les surfaces des heures après que celles-ci ont été touchées par une personne contaminée. La consommation de gel s'envole, multipliée par 4 en quelques mois, et on trouve le liquide magique partout, des arrêts de bus aux entrées des commerces, les indispensables comme les autres.

Pourtant, quelques mésaventures auraient dû nous alerter sur le fait que, peut-être, la doxa scientifique en la matière fait fausse route. Ainsi, le 10 mars 2020, outre-Atlantique, dans le bucolique État du Vermont, une chorale composée d'une soixantaine de chanteurs refuse d'annuler un des concerts prévus dans une église. Toutes les précautions sont prises pour minimiser les risques de transmission tels qu'ils sont décrits à l'époque. Le moindre état fébrile doit conduire l'intéressé à annuler sa présence, chacun a son propre livre de chant, aucune accolade ni embrassade n'est admise et une distance minimale est imposée entre les chanteurs. Enfin, tous se sont nettoyé les mains et les avant-bras à grands flots de gel hydroalcoolique. Deux heures et demie durant, dans une salle fermée et de taille respectable, celle d'un terrain de volley-ball, nos choristes s'époumonent dans de superbes envolées lyriques que ni le moindre toussotement, ni le moindre éternuement ne viennent perturber. Bref, du solide !

Sauf que... 45 des personnes présentes sont contaminées par un des choristes infecté mais asymptomatique au moment des faits ; trois sont hospitalisées ; et deux, malheureusement, décèdent. Un bilan aussi dramatique qu'incompatible avec une transmission manuportée du virus. Et un événement qui démontre qu'une personne, contaminante même asymptomatique peut, à elle seule, contaminer tout un espace clos et ce en demeurant pourtant à distance de la plupart des présents.

Quelques semaines, plus tard, on identifie un important cluster dans un centre d'appels en Corée du Sud. Là, un seul salarié a, en une semaine, contaminé un peu moins d'une centaine de ses collègues sur un effectif total de 1 143 personnes. Or, en dépit de très nombreuses interactions sociales, lesquelles se déroulent exclusivement aux autres étages du bâtiment où se situent les lieux de pause ou de déjeuner, 94 des 97 contaminations ont été recensées sur le même étage et dans la même partie de cet étage où travaillait la personne contaminante.

Ainsi, on observe sur ce cas précis que pour contaminer d'autres personnes, il faut avoir passé un temps minimum dans un espace clos commun et ce, quelle que soit la distance entre les personnes et le contaminateur. Une petite révolution par rapport à ce qui semblait établi jusqu'alors quant au mode de contamination. Ce dont on pouvait en réalité se douter depuis l'origine puisque le virus cousin de la Covid-19, le Sars Cov-1, avait été pour sa part largement étudié. Et sa transmission par aérosols, semblable à celle de la grippe ou du rhume commun, était démontrée et même attestée par l'OMS.

Et tant Henri que moi, nous sommes vite convaincus de la similarité entre les deux modes de contamination. Comment peut-il en être autrement ? Pourquoi alors cet emballement collectif pour une transmission à partir de surfaces contaminées ? Emballement qui propulse le gel hydroalcoolique au rang d'outil absolu de la prévention et le masque aux oubliettes, le tout pour une maladie respiratoire ?

Afin de trouver une explication à cette fausse route qui nous a probablement fait perdre beaucoup de temps, d'argent et finalement de vies, il faut revenir quelques mois plus tôt, lorsque le gouvernement a interrogé le Haut Conseil de la santé publique pour définir les fameuses mesures barrières.

Soucieux de remplir sa mission, le HSCP va s'appuyer sur les recommandations de plusieurs hygiénistes hospitaliers. Il s'agit là d'une spécialité assez peu connue du grand public dont l'objectif, louable et essentiel s'il en est, est de lutter contre les infections nosocomiales, celles que « l'on attrape à l'hôpital » et dont on sait qu'elles sont responsables de milliers de morts chaque année. Au centre de leur action : les règles d'asepsie au bloc opératoire ou encore le dépistage de bactéries multirésistantes dans les services de réanimation. Grâce à cette « corporation », des progrès essentiels ont été faits depuis une trentaine d'années, notamment dans la lutte contre leur ennemi n° 1 : le staphylocoque doré. Une bactérie qui se trouve sur notre peau et qui, logiquement, se transmet par le toucher. En d'autres termes, un processus de contamination qui n'a absolument rien à voir avec celui du coronavirus !

Demander à ces spécialistes de plancher sur les gestes barrières contre la Covid-19, c'est comme demander à un spécialiste de la cuisine italienne de vous fournir sa meilleure recette de bœuf au poivre de Sichuan. Avec Henri, nous décidons alors de nous plonger dans les données de la littérature scientifique qui, a priori, démontrent l'efficacité du lavage des mains dans la transmission de la grippe – les éléments sur le Sars Cov-2 n'étant pas encore disponibles. Et là, nous sommes surpris mais aussi effrayés par la faiblesse de ce que nous trouvons : la méta-analyse, citée constamment pour venir appuyer les conclusions émanant d'hygiénistes hospitaliers, repose essentiellement sur une étude égyptienne dont la qualité méthodologique et donc la validité, sont plus que fragiles. Pour être tout à fait clair, l'importance du lavage des mains dans la prévention de la transmission du Sars Cov-2 ne repose sur rien, si ce n'est des arguments théoriques qu'aucune preuve réelle ne peut soutenir.

Plusieurs analyses ont été réalisées à partir de modèles de simulation de physiciens permettant d'expliquer la répartition des toutes petites gouttelettes flottantes qui restent en suspension dans l'air et se déplacent au gré des courants d'air. C'est ce que l'on désigne par le terme d'aérosols respiratoires. Ces études aboutissent à la même conclusion : le risque de contamination dépend essentiellement du temps passé dans la même pièce qu'un contaminateur, de la taille de la pièce et de son aération. Même avec un masque, le risque est élevé si la durée est de plusieurs heures, la pièce petite ou mal ventilée. Ouvrir les fenêtres ou passer le plus de temps possible à l'extérieur fait donc partie des gestes barrières. D'autres travaux démontreront rapidement que les endroits où l'on parle, mange et boit, et où le public reste au moins deux heures durant sont les lieux de contamination maximale.

Mais le fait le plus marquant, troublant presque, c'est que l'essentiel de ces études a été publié avant le mois de juin 2020, sans pour autant que les autorités aient modifié quoi que ce soit aux recommandations quant aux gestes barrières. Le gel hydroalcoolique a continué de couler à flots, provoquant au passage plus d'une soixantaine de cas de projection accidentelle dans les yeux d'enfants, âgés en moyenne de 4 ans, et dont certains ont été victimes d'une atteinte de la cornée qui a nécessité une hospitalisation et causé une baisse irréversible de la vision.

Loin de moi l'idée d'affirmer que le lavage des mains ne sert à rien ! C'est quotidiennement et pour chacun d'entre nous un geste essentiel. Encore plus essentiel dans un environnement médical ou dans les pays tropicaux où de nombreux parasites circulent. Mais dans le cadre de la transmission de la Covid-19, il ne peut pas être scientifiquement présenté comme *le* geste barrière ! Ce que viendront confirmer quelques mois plus tard d'autres travaux à grande échelle portant cette fois sur le Sars Cov-2.

Dès le 22 septembre 2020, sur le plateau de CNews, je mentionne nos doutes à ce sujet. Quelques minutes après la fin de l'émission, dans un message posté sur Twitter, le Pr Didier Pittet me descend en flammes, évoquant mon arrogance (je vais finir par y être habitué) et mon inconscience. Sans oublier, évidemment, mon ignorance totale. Il est vrai que le professeur a de quoi être secoué dans sa fierté. Didier Pittet est un infectiologue et épidémiologiste suisse, généralement considéré comme le co-inventeur du gel hydroalcoolique, dont il a d'ailleurs offert le brevet à l'OMS en 1995. Et comme je pouvais m'en douter, ma « sortie » sur le plateau de CNews a eu de quoi l'énerver.

Ce que je constate d'ailleurs quelques jours plus tard, dans les couloirs de LCI, où il se trouve. Quelques semaines plus tôt, fin juin, le président de la République l'a désigné pour présider la Mission indépendante nationale sur l'évaluation de la gestion de la crise de la Covid. Mais ce jour-là, c'est la gestion de sa propre colère qui semble préoccuper le Pr Pittet. Il se précipite vers moi : « Qui est votre responsable ? », me demande-t-il. Aux yeux de ce mandarin, du haut de mes 35 ans, je suis nécessairement sous l'autorité de quelque ponte que l'on peut supposer aussi fâché de mon attitude de jeune subordonné irrespectueux. « Cher professeur, sachez que, depuis des années, j'ai refusé toutes les opportunités académiques qui m'ont été offertes, notamment pour éviter d'être placé sous une quelconque hiérarchie. Donc, mon responsable, vous l'avez devant vous, c'est moi et moi seul ! » Il accuse le coup, mais poursuit : « Quelle est votre légitimité pour contester des faits communément admis par la communauté scientifique ? » « Ma légitimité ? Mais j'ai simplement lu les études publiées sur le sujet ! Simplement ! » Une partie de la rédaction de la chaîne, attirée par les sonores diatribes du professeur, a commencé à se rassembler autour de nous. Pittet ouvre la bouche, prêt à me sermonner en haussant le ton mais s'aperçoit sans doute qu'il n'est pas dans son service, « à la maison ». Il me regarde fixement avant de tourner les talons tout en me lançant : « On va se revoir. » On ne s'est jamais revus. Et la transmission du virus par aérosolisation est désormais incontestable.

Ce qui aurait dû pousser le gouvernement à modifier ses recommandations sur le port du masque. Mais sur ce point, ainsi que sur quelques autres, nos décideurs se sont montrés incapables de faire évoluer les règles alors que la connaissance scientifique du virus, de son environnement et de son « mode de vie » n'a pas cessé, quant à elle, d'évoluer. Comme si, aux yeux de nos gouvernants, la moindre règle enfin appliquée, entrée dans les mœurs, représentait en soit une victoire et qu'il ne fallait surtout pas revenir en arrière même si ladite règle se révèle entre-temps inutile, sinon même contre-productive.

L'exemple parfait en est le port du masque à l'extérieur, redevenu de rigueur à la fin 2021. Pourtant, et même si on ne dispose pas sur ce point de données précises, on peut imaginer que le masque à l'extérieur est probablement facteur de lassitude et qu'il doit diminuer, *de facto*, le port de ce même masque, à l'intérieur cette fois, là où il peut être véritablement utile.

Raoult enfin ?

Aussi incroyable que cela puisse paraître, je ne serai pas amené à m'exprimer sur le « cas Raoult » avant le mois de septembre 2020, alors que j'ai déjà passé des heures et des heures sur les plateaux des chaînes d'infos. À mes yeux, la messe est dite depuis longtemps pour cette hydroxychloroquine qu'il s'acharne pourtant à défendre et à promouvoir tel un remède miracle. Depuis des semaines, pourtant, les données s'accumulent, et semblent devoir, une bonne fois pour toutes, clore le débat. Mais lui persiste, encore et toujours. Et si sa parole est plutôt rare, Didier Raoult fait monter au front ses lieutenants qui ont transformé l'IHU de la cité phocéenne en un véritable camp retranché de la science, accusant le monde entier et notamment l'industrie pharmaceutique de manipuler les médecins et d'acheter les experts afin d'éviter que ce traitement, au prix très modeste, ne vienne sauver le monde à moindre coût et sans bénéfice pour leurs actionnaires. Une porte grande ouverte vers le complotisme.

Il est vrai que la visite du président de la République, début avril 2020, dans le bureau du « savant de Marseille », n'a rien pour remettre Didier Raoult dans les rails de la modestie et de la raison. De la raison, en effet ! Car, à ce stade de l'épidémie, si un traitement s'était montré vraiment efficace, les données auraient été sans équivoque et se seraient imposées à tous. Or c'est loin d'être le cas pour l'hydroxychloroquine. En ce mois de septembre, de nombreuses études ont déjà été menées sur cette molécule, sans succès ou presque malgré, c'est vrai, des résultats préliminaires prometteurs, en Chine, où, tout début 2020, plusieurs laboratoires ont démontré que la molécule bloque en effet l'entrée du Sars Cov-2 dans les cellules humaines. Mais les études cliniques, conduites sur de « vrais patients », n'ont pas permis de constater le moindre résultat positif.

Au lieu d'admettre cette évidence scientifique, et, pourquoi pas, d'envisager une autre piste, un autre protocole, Didier Raoult s'enferme dans une voie sans issue. Au risque d'encourager des millions de personnes à des comportements irresponsables. À des milliers de kilomètres de Marseille, depuis le Brésil où il vit avec son épouse, Henri est presque plus vindicatif que moi : « Ici, à Rio, cette mode est à l'origine de centaines de décès ! Des gens fragiles sortent et vivent sans aucune précaution, parce qu'ils sont convaincus que la chloroquine, qu'ils prennent et pour certains depuis des années, suffira à éloigner tous les dangers, me dit-il un soir. Chez vous ce phénomène est limité à Marseille et sa région. Mais ici tout le monde se comporte ainsi. C'est un véritable drame. » En réalité, le phénomène Raoult, encouragé par quelques politiques séduits ou intéressés et dans tous les cas guère responsables, a d'ores et déjà largement dépassé le sud de la France.

Pour autant, depuis des mois, je suis focalisé sur nos modélisations et sur les enseignements que devraient en tirer nos dirigeants. Alors Raoult... D'autant qu'en cette rentrée 2020, je suis absent des réseaux sociaux où les pro- se déchirent avec les anti-. Car le phénomène Raoult est également médiatique et encore plus numérique. C'est sur Internet que se manifeste son fan-club très actif. J'en suis donc assez éloigné. Mais le 3 septembre, alors que je suis invité sur BFM, la programmatrice de l'émission m'accueille avec un air presque effrayé : « Vous intervenez dans un débat sur Raoult. OK ? » Oui, pourquoi pas ! Et elle de poursuivre : « Je vous pose la question car aucun médecin n'accepte de parler de lui. Vous êtes le seul ! » Qu'à cela ne tienne ! Sur le plateau, interrogé, je reste carré et factuel ; je détaille les principales études et données qui démontrent l'inefficacité du produit. Face au professeur Toubiana, dont je n'ai jamais été capable de comprendre la moindre déclaration, je réponds au journaliste : « Refuser ainsi l'évidence scientifique, c'est l'apanage des charlatans ! » Ce n'est pas une attaque contre Raoult mais simplement un recadrage devant un débat qui devient absurde.

Ces quelques mots vont suffire à me faire comprendre l'intensité du phénomène Raoult, sa démesure, son irrationalité. Le pontife aurait-il vrillé, un peu comme le colonel Kurtz dans *Apocalypse Now* ? Ses sectateurs s'escriment à le faire croire. Dans les jours qui suivent, je reçois des lettres de menaces de mort, au bureau comme à mon domicile où les messages d'insultes s'empilent. On me promet l'enfer et la mère de mes trois enfants, mon ex-épouse, est contrainte de demander le changement de son numéro de téléphone, harcelée jour et nuit par des appels violents. Raoult, c'est la logique du mandarin poussée à son extrême, permise par un monde médical qui souhaite depuis toujours évoluer en parfaite indépendance, protégé par un statut à part indépassable. Décrit comme un prix Nobel en puissance, on l'a porté au pinacle, on l'a laissé dériver.

Personne n'a vraiment dit « Stop ! », alors que ses pratiques, ses chiffres, ses théories sur ce coup-là ne reposent sur rien de vraiment solide. Il ne modélise rien et refuse de faire les études qui pourraient valider ses intuitions cliniques. Il agit à l'instinct et se comporte comme un chef de clan. À ses yeux, on est avec lui ou contre lui. Il représente à lui seul le folklore de la médecine publique, qui joue de son style et de son look décalés que l'on devine cependant travaillés et instrumentalisés.

De la deuxième vague à l'arrivée des vaccins

Seul dans le désert

Alors que la France commence à se déchirer autour de la chloroquine et de son promoteur, nous nous tournons, pour notre part, vers la suite de l'épidémie car nos travaux nous le disent : la pandémie est loin d'être finie. Il est sans doute difficile de l'imaginer aujourd'hui, mais paradoxalement, alors que je serai, à compter des derniers mois de cette même année, considéré par beaucoup comme le « rassuriste » en chef, je suis, en ce printemps 2020, l'alarmiste favori des médias et notamment des chaînes publiques, lesquelles deviendront nettement moins fans par la suite.

À cette période, on m'associe à un chiffre, 85 000, car nos prévisions évoquent alors un possible bilan minimum de 85 000 morts. Ce chiffre arrive un peu comme un cheveu sur la soupe au moment où la population se prépare à se déconfiner après avoir atteint un pic resté record, le 8 avril, avec plus de 7 000 personnes en réanimation. Mais à présent, les chiffres plongent. Ils passeront sous la barre des 3 000 patients en « réa » le 7 mai. De mon côté, cette période se présente de façon déroutante et je la traverse sur le même mode.

Quelques semaines avant le confinement, à la suite d'une séparation sentimentale, je me suis mis à habiter seul pour la première fois de ma vie. J'ai loué un petit appartement aux Lilas dans lequel défileront des journalistes à partir du moment où mes apparitions sur le petit écran iront se multipliant. Parfois, mes trois enfants sont avec moi, sages comme des images dans la petite chambre en attendant que « papa ait fini de parler avec les gens qui travaillent à la télé ». Mon plus jeune fils, intrigué, demande parfois à rester avec moi. À condition qu'il soit discret bien sûr. Seul, donc, me voilà, et dans un univers où plus rien ne bouge, empreint d'une ambiance de fin du monde, comme suspendu dans le temps. Je m'offre une à deux heures de marche chaque jour dans ces paysages de la Seine-Saint-Denis en constante mutation, histoire d'aérer mes neurones, puis je me replonge dans le travail car il faut, malgré les sollicitations qui commencent à s'amonceler, « faire tourner la boîte » ! Des sollicitations médiatiques qui sont devenues peu à peu comme un bol d'oxygène dans ma vie de confiné. Des sollicitations souvent nées de ce chiffre de 85 000 morts qui, à l'époque, choque tellement il semble exagéré.

Notre autre message clé, c'est d'envisager un déconfinement par tranches d'âge : « Il faudra d'abord déconfiner les plus jeunes, les moins vulnérables, pour leur permettre de constituer une immunité de groupe solide afin d'éteindre l'épidémie. Alors, dans un second temps, les plus vulnérables pourront de nouveau sortir car le virus circulera beaucoup moins grâce aux nombreuses personnes immunisées. » Une proposition qui nous attire les foudres de tous. Comment peut-on « enfermer nos vieux » et ne « laisser vivre que nos jeunes » ? Le 16 avril, je remonte au créneau avec des chiffres qui sont pourtant incontestables : « 90 % des gens qui sont morts du coronavirus ont plus de 65 ans. Et une personne de moins de 55 ans à un risque de décès 40 fois moindre que celui des 65 à 75 ans. ». Qui peut ignorer ces données au moment de déconfiner le pays ?

La veille, le 15 avril, Henri a participé à un groupe de travail mené par le collège des économistes de la santé dont l'objectif est de publier une note sur l'impact économique du confinement et de son éventuel prolongement. Ces économistes l'ont invité car ils connaissent sa réputation en modélisation et parce que le déconfinement par classes d'âge que nous proposons a retenu leur attention. Il permettrait de remettre en marche l'appareil productif sans risquer une rapide rechute.

C'est d'ailleurs au sein de ce collège qu'Henri trouvera les gens les plus aptes à appréhender la crise. L'entente est excellente et nous sommes en phase.

Mais dans le cadre de ce groupe de travail, Henri va également participer à une réunion avec Jean-François Delfraissy et quelques autres membres du Conseil scientifique. Il en ressort aussi énervé qu'effondré ! Ce Conseil scientifique est une calamité : « Soit ils ne comprennent rien, soit ils ne veulent pas entendre. Mais de toute façon, il faut arrêter de croire que, par eux, on arrivera à faire passer notre message. » Ce jour-là, nous choisissons définitivement la piste des médias. Qui justement nous ouvrent vraiment leurs portes !

Après avoir plongé pendant de longues heures, la tête la première, dans les données de notre modèle, j'interviens sur France Info et j'évoque, pour la première fois, l'hypothèse d'une seconde vague. « Au moment du déconfinement, le 11 mai, et les semaines qui suivront, les courbes seront calmes et il ne devrait pas se passer grand-chose. Mais on devrait assister à une reprise de la pandémie dès septembre, octobre au plus tard. » Le 2 mai, je suis dans les studios d'Europe 1 dans l'excellente émission *C'est arrivé cette semaine*. J'ai le temps alors de développer nos arguments et je l'affirme de nouveau : « Oui, une deuxième vague est inévitable, même si les gestes barrières, s'ils sont respectés, vont retarder son apparition. » Et je répète ce chiffre de 85 000 morts en précisant que c'est un minimum et que si les mauvaises options sont retenues ce bilan pourrait grimper jusqu'aux 200 000 décès. Je vais être accusé de tous les maux en avançant cette prédiction. C'est vrai que le contexte est alors particulièrement rassurant : 18 000 personnes sont encore hospitalisées alors que 32 000 l'étaient au pic de la vague à la mi-avril. 500 entrées par jour à l'hôpital contre 4 300 trois semaines plus tôt, et les réanimations qui se vident avec 1 800 patients et 60 entrées par jour contre 770 quotidiennement au plus haut de la vague.

Venir ainsi dans les médias pour allumer le feu à l'orange vif et prévoir une nouvelle vague alors que tout le monde pense à revivre normalement ! Le message doit passer certes, mais je sais qu'il risque de bousculer les consciences et les certitudes de certains. Je sais aussi que la principale proposition que nous avons formulée, en évoquant un déconfinement progressif, par tranches d'âge, va provoquer diverses critiques. Et sur ce point je ne serai pas déçu. Des retraités n'hésiteront pas à me qualifier de criminel et de nazi. Quant aux experts – certains hospitaliers et quelques pontes de l'épidémiologie –, ils vont se démultiplier sur les plateaux pour affirmer, au contraire, que l'épidémie est sur le point de se terminer.

Pourtant, dès le mois d'août, on assiste à une nouvelle progression de l'épidémie, ce que notre modèle a anticipé, noir sur blanc. À la fin du mois, l'incidence progresse pour atteindre les 9 500 cas par jour mais les entrées à l'hôpital restent modestes, avec 250 admissions quotidiennes et 45 entrées seulement dans les services de réanimation. Ce décalage, nous le savons aujourd'hui, est dû au fait que l'épidémie se diffuse d'abord chez les jeunes avant d'atteindre les personnes à risques.

Mais pour quelques-uns des plus « rassuristes » de l'époque, c'est au contraire « le signe que l'épidémie est terminée » comme l'affirme sur CNews Jean-François Toussaint, professeur de physiologie et cardiologue, le 18 août, graphique à l'appui. Il est relayé par Didier Raoult, qui est encore au faîte de sa popularité et qui explique, dans l'une de ses vidéos diffusées sur YouTube (et qui sera retirée quelques semaines plus tard de la chaîne du professeur, sans doute fortuitement ?) que l'histoire naturelle de l'infection, c'est une seule vague, que cette vague est passée, et que, donc, l'épidémie est terminée. C.Q.F.D. D'ailleurs, quelques semaines plus tôt, il a qualifié l'hypothèse d'une deuxième vague de fantaisie relevant de la science-fiction. Pourtant, je continue d'avancer nos prévisions et j'ose, rendez-vous compte, contester le professeur Jean-François Toussaint lors d'un débat, ce qui me vaudra une volée de menaces des plus violentes.

Je me sens parfois seul face à cette montée en puissance des « rassuristes » puisque, soudainement, Christian Perronne et Laurent Toubiana s'ajoutent à la liste de mes contradicteurs. Le premier affirme le lundi 31 août, alors que la France rentre de vacances, qu'« on essaye de nous faire croire que l'épidémie progresse partout dans le monde alors que c'est faux. L'épidémie régresse, le virus a perdu de sa virulence et la mortalité est en train de baisser ». Le second avance que la remontée des cas est liée à « un simple brassage de population, dû aux vacances » et que « ces cas sont le plus souvent des cas asymptomatiques, des gens testés, qui sont porteurs du virus, mais qui ne sont pas pour autant malades ». Malheureusement pour tous ces éminents professeurs, qui continuent alors à nous regarder de haut – quand ils nous regardent... –, cette baisse du nombre de cas qu'ils analysent comme le dernier soubresaut d'un virus en voie d'extinction est en réalité la conséquence d'un phénomène que nous avons tous, nous y compris, nié ou négligé : l'effet saisonnier.

L'effet saisonnier brutal : la surprise d'octobre

Entre les mois de mai et juillet, je ne cesse d'affirmer qu'une deuxième vague va frapper le pays et qu'elle risque d'être majeure. Mais j'ajoute alors que cette vague surviendra durant l'été, probablement au cours de la deuxième quinzaine du mois d'août. Autant dire que le temps passant, et malgré une légère remontée du nombre de cas, je suis montré du doigt comme celui qui est prêt à annoncer le pire uniquement pour être invité à la télévision.

Les premières critiques sur mon intense présence médiatique datent en effet de cette période. Et je suis régulièrement blâmé par mes supposés pairs.

Pourtant, le 14 juillet, nous avons, Henri et moi, notre petit feu d'artifice à nous, notre fête personnelle avec la publication de notre modèle dans *Nature Medecine*. Cet article est considéré comme d'un intérêt majeur par le comité de rédaction de cette illustre revue internationale et ceux qui l'ont relu avant d'en valider la publication, comme c'est l'usage dans la presse scientifique, des savants anglais, américains et russes, saluent un « travail de grande qualité ».

Eh oui, nous sommes fiers du travail accompli et de sa reconnaissance par la presse scientifique internationale ! Nous en profitons d'ailleurs pour souligner dans plusieurs messages, notamment à l'adresse d'Arnaud Fontanet qui est membre du Conseil scientifique, combien cette publication est d'abord une validation. Sait-on jamais ? Peut-être, du côté du Conseil, nous considérera-t-on autrement ? Et, en effet, Arnaud Fontanet nous répond... pour nous féliciter. Sans plus !

Pour autant, nous constatons que nos prévisions sont alors en décalage, au moins momentanément, avec la réalité. La deuxième vague, si elle perce déjà en août puis en septembre, semble, « à bas bruit », presque contenue par les gestes barrières. Mon discours évolue puisque les faits semblent l'imposer.

Sur Europe 1 je suggère que « nous ne sommes pas en face d'un cataclysme » et que le port du masque autant que la limitation des rassemblements dans les lieux clos pourraient porter leurs fruits. Mais, dans le même temps, je reste opposé à certaines mesures qui me paraissent inutiles telle que la fermeture des plages ou le port du masque à l'extérieur. Et j'évoque une possible stabilisation de cette deuxième vague.

Aux yeux des journalistes, je passe brutalement dans le camp des « rassuristes », voire dans celui de ces « épidémiologistes de plateaux », selon *Télérama*, incapables de prévoir quoi que ce soit. Je parle pour la première fois de « vivre avec le virus », mais je continue de demander l'obligation du port du masque en entreprise, m'inquiétant d'un phénomène « rentrée des classes », ce qui sera effectivement imposé par le gouvernement. Confronté à la réalité, j'essaye de comprendre les causes de cette situation plus favorable que celle que nous avons prévue. C'est ce que l'on me reprochera si vivement alors que le nombre de cas va exploser brutalement un mois plus tard. Le nombre d'hospitalisations quotidiennes est multiplié par 2 entre le 1er et le 20 octobre.

Henri et moi sommes incroyablement perplexes, au point même de nous demander un instant si les chiffres publiés sont les bons. Nous ne comprenons pas sur le moment pourquoi notre modèle qui, jusqu'alors, s'est montré parfait, a prévu une vague de fin d'été qui n'est pas arrivée. Nous passons des heures ensemble la tête dans les chiffres et les variables. Nous démontons et re-démontons notre modèle avant d'envisager toutes les explications. Et nous concluons à l'existence d'une saisonnalité que nous avons sous-estimée. Aucune autre explication n'est possible.

Le phénomène se confirme ailleurs puisqu'on assiste à une reprise quasi simultanée dans toute l'Europe qui coïncide avec une vague de froid sur le Vieux Continent. Et n'en déplaise à certains, nous sommes alors les premiers à l'évoquer. Nous en discutons mi-octobre avec Arnaud Fontanet, qui confirme notre hypothèse. Il comprend la même chose : la découverte d'un effet saisonnier fort qui avait pourtant été rejeté par l'immense majorité des scientifiques. Ainsi, l'OMS affirmait-elle, le 20 juillet, que « la Covid-19 n'est pas une maladie saisonnière ». Une erreur collective que la poussée du mois d'octobre confirme.

Une fois intégrée cette nouvelle donnée essentielle, je pense qu'un re-confinement est inévitable. Mais sous quelle forme ? Là encore, nous tentons de faire prévaloir une solution par classes d'âge, refusant l'idée d'un confinement global incluant des jeunes au risque très faible. En outre, on a pu constater les effets sur la santé mentale et le mal-être des plus jeunes après le premier confinement. Une deuxième période d'isolement et de vie sociale réduite à néant risque d'être dramatique. C'est ce que je propose le 24 octobre 2020 sur France Info : « En plus des personnes de plus de 65 ans, on pourrait aisément demander aux médecins libéraux, aux médecins traitants, d'identifier leurs patients qui ont une maladie sévère et qui sont particulièrement à risques face à la Covid. Et qui, donc, devraient se confiner. » Bien que cette solution soit d'une implacable logique, compte tenu de la distribution du risque d'être hospitalisé ou de développer des formes graves, je prêche dans le vide.

Pas tout à fait en réalité puisque je suis entendu par des centaines de retraités qui vont une fois de plus m'insulter des pires des façons. C'est, je crois, le signe d'une vraie crise entre les générations, les boomers se refusant à considérer l'impact des semaines de confinement sur leurs petits-enfants notamment. Est-ce que ces retraités qui m'ont insulté pendant des semaines ont vu ces reportages sur les étudiants enfermés dans 15 m^2, privés de leurs jobs d'appoint, contraints d'aller faire la queue devant les tentes des associations caritatives pour récupérer un paquet de pâtes et une bouteille de lait ? Et s'ils ont vu ces images, qu'ont-ils pensé ? « Chacun ses problèmes ? » Pour ma part ces images m'ont bouleversé. Et je crois sincèrement que le gouvernement, en se refusant à un confinement sélectif, a cruellement manqué de courage politique et de recul.

Quitte à devenir l'intervenant médiatique que les téléspectateurs de 65 ans et plus aiment haïr, je continue de défendre cette approche comme je défends l'ouverture des écoles. Mais voilà qu'on me reproche de ne pas avoir prévu la virulence de cette seconde vague. Nous avons pourtant été les seuls à l'avoir annoncée. Mais c'est vrai, et j'ai plusieurs fois reconnu cette erreur sur les plateaux de télévision, notre modèle n'a pas parié sur l'effet protecteur de l'été. Je l'ai dit et assumé en tentant d'expliquer les faits. J'aurais aimé qu'Olivier Véran fasse de même après avoir affirmé que notre système de santé avait parfaitement les moyens de faire face à la crise. Comme j'aurais aimé, en tant que simple citoyen, voir notre président de la République reconnaître qu'il s'était un peu avancé, sinon trompé, en affirmant, le 14 juillet 2020, que plus jamais la France ne serait re-confinée. Elle le serait pourtant, dès le 30 octobre, sur sa décision.

Comme un clin d'œil de la science, pour dire, contrairement à ce qu'affirment les adeptes du complot, qu'elle est toujours la plus forte : c'est peu ou prou alors que le deuxième confinement se termine, le 15 décembre, que nous avons la confirmation d'une incroyable nouvelle. Les vaccins que personne ou presque n'imaginait disponibles avant plusieurs années vont pouvoir déferler par centaines de millions de doses dès la fin 2020. Un véritable exploit scientifique. Un double exploit même que l'on doit à ces laboratoires pharmaceutiques si souvent détestés : la découverte effective de plusieurs vaccins en un temps record et la mise au point d'outils de production totalement nouveaux et suffisamment puissants pour relever le défi de l'urgence. Encore faut-il que les bons choix soient faits sans tarder par les États et les gouvernements quant à la mise en place de campagnes de vaccination efficaces. Et sur ce point, notre pays va vite replonger dans ses travers les plus désastreux.

Quand le gouvernement prête l'oreille aux corporatismes

Très souvent au cours de cette crise, dès les premières mesures qu'il aura à prendre à son arrivée

Avenue de Ségur, puis lorsqu'il sera confronté à l'univers hospitalier dont il est issu ou encore, au moment de lancer la campagne de vaccination, quand il aura à faire face aux médecins libéraux, Olivier Véran se sera plus comporté en ministre des Soignants qu'en ministre de la Santé.

Lorsqu'en mars 2020 le premier confinement est annoncé par le président de la République, il a la charge de ce portefeuille depuis un peu moins d'un mois. Il a récupéré le « job » en succédant à Agnès Buzyn. À plusieurs reprises, il me faudra revenir sur ses choix, autrement dit les options que lui présentent et lui imposent les pontes de l'hôpital qui ne voient la pandémie qu'au travers des services de réanimation et qui se refusent, par exemple, à considérer les effets collatéraux parfois dramatiques des confinements ou des fermetures d'écoles. Poussé par l'actualité et par les médias, alors contraint et forcé de s'exprimer sur le sujet, Olivier Véran attendra par exemple le début de l'année 2021 pour évoquer, sans grande originalité, les conséquences de la crise sur la santé mentale des plus jeunes et des étudiants.

L'hypersensibilité aux intérêts corporatistes qu'il montre va s'exprimer de manière encore plus marquée au moment de lancer la campagne de vaccination. Alors que les plannings de livraison finissent par se remplir, le ministre annonce, fin 2020, qu'elle sera pour l'essentiel confiée aux médecins libéraux. Un choix pour le moins « original » alors que partout chez nos voisins européens, et compte tenu de l'urgence de la situation, les gouvernements préparent l'ouverture de vaccinodromes ou, tout du moins, de centres de vaccination collectifs. C'est le cas outre-Rhin : l'Allemagne va démontrer, dans les premiers temps au moins, sa capacité à gérer ce type de dispositif géant, aidée il est vrai par la discipline dont fera preuve une grande partie de la population. Tout est prêt au 1er décembre. Il ne manque plus que les doses. Tel est aussi le choix qui prévaut de l'autre côté des Alpes : l'Italie met en place un réseau de vaccinodromes dont la taille est adaptable à chaque ville d'implantation. Des dispositifs par ailleurs rassurants et accueillants, en forme de cœur orné de fleurs géantes roses, le tout imaginé en quelques jours par un architecte renommé. La France, en ce même automne, se distingue par son inertie.

Le syndrome du H1N1 vient à nouveau de frapper l'Hexagone et les territoires ultramarins. En 2009, alors que tout le monde s'attend à voir déferler ce virus particulièrement agressif, le gouvernement et la ministre de la Santé d'alors, Roselyne Bachelot, font le choix de transformer des dizaines de gymnases et de salles des fêtes en vaccinodromes. L'ensemble nécessite un investissement de 1,5 milliard d'euros. Mais à l'époque, c'est vent debout que les médecins libéraux et les hospitaliers accueillent ce dispositif. Et les pétitions s'enchaînent pour exiger une vaccination au plus près, loin des « supermarchés de l'injection ». Parmi les signataires figure celui qui est alors le porte-parole d'un puissant syndicat d'internes, Olivier Véran.

Onze ans plus tard, il semble que l'opinion de l'ex-syndicaliste devenu ministre est demeurée inchangée. Pourquoi ? Parce que les vaccinodromes ont été un échec absolu, affirme-t-il en substance, avec moins de 5,5 millions de personnes vaccinées. Par ailleurs, puisque les personnes âgées seront les cibles prioritaires de cette première vague de vaccination contre la Covid-19, au sein des Ehpad puis dans les grands centres urbains, il faut confier les clés du camion aux médecins libéraux et ne pas commettre la même erreur.

Si ce n'est... qu'il existe une différence fondamentale entre le H1N1 d'hier et la Covid-19 d'aujourd'hui : le nombre de décès estimé comme ayant été provoqués par ce virus en 2009 est de 18 156 personnes... dans le monde entier ! En France, la mortalité constatée a été inférieure à celle des épidémies annuelles de grippe « normale ».

Que se serait-il passé si, comme pour la Covid, avant que la campagne de vaccination ne débute, on avait déjà recensé des dizaines de milliers de morts dans notre pays ? Pense-t-on sincèrement que les fameux vaccinodromes tant décriés n'auraient pas été pris d'assaut ? Par ailleurs, il n'existait pas, à cette époque, d'outil aussi performant que la plateforme Doctolib pour les prises de rendez-vous. Enfin, quelqu'un au sein des administrations gouvernementales, ou parmi les équipes de surdiplômés des consultants de McKinsey recrutés à prix d'or pour imaginer un dispositif, a-t-il pris le temps d'un simple petit calcul : même avec 100 000 médecins participant à cette campagne, il aurait fallu que chaque praticien procède à 1 000 injections pour que nous dépassions le seuil des 50 millions de personnes vaccinées à deux doses. Compte tenu du fait que la procédure impose une surveillance de plusieurs dizaines de minutes après chaque injection, qu'il y a embouteillage dans les cabinets de médecins pour cause de Covid et, qu'enfin, la pandémie n'a pas éliminé comme par magie les autres pathologies et motifs de consultation, il aurait probablement fallu des mois et des mois, des années, sans oublier les milliards d'euros de surcoût, pour que notre population française soit immunisée. Sans compter également le fait que les vaccins ARN doivent être conservés à – 80 °C et que les flacons contiennent dix doses, rendant le gaspillage de doses quasi inévitable dans les cabinets de ville.

Or c'est bien le lobby de la médecine libérale qui, dans les premiers mois, va faire pression sur Olivier Véran pour qu'elle ne soit pas « oubliée » dans le cadre de cette vaccination de masse. On préfère donc une solution irréaliste et impossible à une solution plausible qui déplairait aux syndicats concernés. Cela paraît tellement absurde que des personnes de mon entourage me glissent que ce doit être fait exprès afin que les médecins libéraux, une fois devant leur échec programmé, appellent eux-mêmes de leurs vœux la création de vaccinodromes. Je ne sais pas quelle hypothèse est la pire : l'impotence acceptée ou le calcul cynique.

Quoi qu'il en soit, je piétine d'impatience, sinon de rage, comme tout le monde, devant la lenteur revendiquée du gouvernement dans la mise en place du plan de vaccination. Le ministre, dit-on aussi, veut prendre le temps, notamment pour ne pas braquer les anti-vax. Pour ma part je plaide à de multiples reprises sur les plateaux télé pour une sérieuse accélération. Quitte à m'emporter parfois.

Sur CNews, je décide de dire les choses : « Dès que quelqu'un du gouvernement s'exprime sur le vaccin, c'est toujours la même rengaine, du genre "Oh là là, le vaccin ? Attendez ! On doit prendre le temps, on n'est pas pressés". Mais en quoi on n'est pas pressés ? On est ultra pressés, au contraire ! Il y a une urgence absolue à vacciner les gens ! Je ne comprends pas pourquoi on ne cesse de dire qu'il faut prendre notre temps. Un mois de perdu dans l'utilisation de nos stocks de vaccins ce sont des milliers de personnes vulnérables qui peuvent mourir. »

La critique semble aujourd'hui dépassée alors que la France s'affiche parmi les meilleurs élèves de l'injection. Mais je reste convaincu que si Emmanuel Macron n'avait pas, dans les tout derniers jours de l'année 2020, franchement tapé du poing sur la table pour que tous les membres du gouvernement se décident à faire comme lui, à savoir « entrer en guerre », le retard français se serait accumulé.

Un « coup de gueule » pour le moins nécessaire et que l'Élysée fera largement fuiter dans la presse alors que la campagne de vaccination, encore offerte aux libéraux à cette date, ressemble avant tout à un empilage de procédures administratives. À la fin, les Françaises et les Français se seront fait vacciner en quasi totalité dans les si décriés vaccinodromes.

Erreur de casting et communication chaotique

En décembre 2020, le ministre de la Santé et des Affaires sociales officialise la création du Conseil d'orientation de la stratégie vaccinale contre la pandémie de la Covid-19 en France. Une instance qui, selon les textes officiels, « conseille le gouvernement sur les aspects scientifiques, médicaux et sociétaux de la conception et de la mise en œuvre stratégique de la politique vaccinale ». Décidemment, notre pays conserve sa pire manie en toutes circonstances et elle se nomme la stratégie des Lego : empiler les conseils, agences et autres établissements de natures diverses sans vraiment se préoccuper de ce qui pourtant semble être indispensable : la coordination entre ces différents « Comités Théodule » selon le termes du trop cité général de Gaulle.

Reste, évidemment, à donner une tête à ce Conseil en le dotant d'un président. Aux yeux d'Olivier Véran, un nom semble s'imposer, celui du Pr Alain Fischer. Le pourquoi de cette nomination n'est pas sans intérêt dans l'analyse de l'état d'esprit du moment. Quatre années plus tôt, ce professeur d'immunologie pédiatrique, précurseur dans le développement des thérapies géniques, a déjà été mandaté par Marisol Touraine, alors locataire de l'Avenue de Ségur, pour présider le « Comité d'orientation de la concertation citoyenne sur la vaccination » chargé d'émettre des propositions afin de répondre à la défiance croissante d'une partie de la population sur ce sujet. Un comité qui a accouché d'une sorte de plateforme Internet, initialement dédiée à l'échange entre les citoyens. Mais l'outil a été vite envahi par les activistes « anti-vax », nettement mieux organisés que les « pro- ». Et, en reprenant les commandes du ministère, Agnès Buzyn a finalement imposé l'élargissement du nombre de vaccins exigés pour l'entrée dans le système scolaire.

À cet instant de la pandémie, on pense encore que 4 Français sur 10 sont des opposants au vaccin et la nature même du vaccin envisagé, l'ARN messager, oriente probablement le choix pour ce spécialiste des thérapies géniques en pédiatrie. On choisit un référent scientifique non discutable mais qui est aussi un « gentil », décidé à prendre le temps nécessaire pour vacciner en convaincant. On oublie les questions logistiques, on néglige la perspective de santé publique et certains commencent à se demander s'il ne faudrait pas confier les commandes à l'armée, comme c'est le cas aux États-Unis.

Dès le 28 décembre, j'exprime, sur l'antenne de France Info, quelques réserves sur la manière dont les choses semblent devoir être organisées : « Je pense que l'on pourrait aller plus vite et qu'il faut se mettre dans cet état d'esprit. Dès que les doses arrivent, il faut absolument que les personnes vulnérables ciblées puissent être vaccinées en masse. »

Là aussi, lorsque j'évoque les personnes vulnérables, je vois au-delà des seuls résidents en Ehpad, mais bien tous les plus de 65 ans. J'en suis convaincu en cette fin 2020 comme je le suis aujourd'hui : « Ce n'est que lorsqu'il y aura au moins 90 % des gens vulnérables qui auront été vaccinés que l'on pourra imaginer lever les mesures restrictives. » Or on ne pourra pas atteindre ce chiffre en s'embourbant dans le process mis en place à la demande d'Alain Fischer, process qui prévoit une période de réflexion, un consentement écrit de la part des personnes âgées ou de leurs enfants, et, évidemment, une vaccination « individuelle » confiée aux seuls médecins de ville.

On l'a oublié aujourd'hui mais une semaine après le lancement de sa campagne, l'Allemagne, grâce à la mise en place de vaccinodromes, revendique 180 000 personnes d'ores et déjà vaccinées contre quelques milliers en France. On nous rétorque que nous avions tort de hurler au scandale puisque, au bout du compte, notre pays est aujourd'hui mieux couvert que notre voisine. Mais cette performance finale est due au fait que, sous la pression, le gouvernement a finalement changé son fusil d'épaule, en cessant peu ou prou d'écouter le Conseil qu'il avait créé de toutes pièces. Une pression que plusieurs d'entre nous, sur les plateaux de télévision, ont exercée sans toujours y mettre les formes nécessaires.

Les critiques commencent en effet à pleuvoir sur la communication d'un Alain Fischer qui ne sait plus comment justifier le « fiasco » que dénoncent les experts. Celui qui admet, quoique sans le considérer comme problème, ne rien connaître à la logistique, fait même, dans la presse, « l'éloge de la lenteur » à la française. Sur Europe 1, le Monsieur vaccin qu'Olivier Véran s'est choisi affirme : « C'est bien que l'on n'aille pas plus vite [...], que l'on se donne le temps de faire les choses bien. » Une déclaration qui met heureusement le feu aux poudres. Et qui, lorsque je replonge dans notre modèle, me pousse, je l'avoue, à m'en prendre publiquement et violemment aux responsables de cette situation sur le plateau de LCI : « Si j'étais président de la République, je serais très dur avec mon ministre de la Santé [...]. C'est le plus grand fiasco qu'on aura jamais eu dans le monde de la santé. Un fiasco sur le plan logistique, sur le plan de la communication. » Alain Fischer sera rapidement démonétisé après ce lancement totalement raté que seul le coup de colère d'Emmanuel Macron permettra d'inverser.

On demandera par la suite à ce professeur souvent incontrôlable de se livrer à quelques interventions médiatiques, mais « pas trop », de peur qu'il ne franchisse la ligne rouge. Et qu'on l'entende, comme il l'a fait pendant de longues semaines, évoquer de façon détaillée les éventuels effets secondaires des vaccins plutôt que leurs bénéfices pourtant évidents. Comme si, par-delà les simples sceptiques, il fallait donner des gages aux « anti-vax » militants qui ne se priveront pas d'ailleurs de considérer certains propos d'Alain Fischer comme leurs meilleurs arguments. La virulence que je vais mettre, pendant plusieurs semaines, à critiquer cette campagne qui avance au rythme d'un escargot asthmatique devrait se rappeler aujourd'hui à la mémoire de ceux qui voient en moi un « héros des anti-vax » comme l'a prétendu en janvier 2022 le journal *20 Minutes*.

Reste que, jusqu'au milieu du mois de janvier 2021, nous ne sommes que quelques-uns à dénoncer l'attitude du ministre de la Santé qui, malgré les chiffres, les comparaisons avec nos voisins, les évidences logistiques, continue de céder aux oukases des médecins libéraux et de refuser l'option des centres de vaccination... dont il fera l'éloge quelques semaines plus tard. Sur les plateaux de télévision, je me heurte de façon pour le moins virulente au Dr Jérôme Marty, médecin libéral convaincu, avec lequel le débat prend des airs de combat de rue. Or, à ses yeux, seule la vaccination de proximité, confiée à ses camarades, pourra s'imposer à nos concitoyens. Cette situation, pourtant, m'apparaît aussi dangereuse que scandaleuse : « Rien n'a été organisé, et ce uniquement pour ne pas froisser les médecins libéraux qui ont eu le sentiment d'être mis de côté lors de la campagne relative au H1N1. Résultat ? Les Français sont pris en otage de petites considérations politiciennes, ridicules et internes au monde de la Santé. » « Mais nous n'en sommes qu'aux premières semaines », me rétorquent les pro-Fischer. Et alors ? Je me sens contraint de le redire à de multiples reprises : « Un mois de perdu dans l'utilisation de nos stocks de vaccins, ce sont des personnes fragiles non protégées en plus. Et donc demain, des morts en plus qu'il faudra assumer. »

De son côté, la psychologue Marie-Estelle Dupont dénonce elle aussi, sur le même plateau de LCI, le rythme « prudent » de la campagne de vaccination : « Le gouvernement a fait l'erreur de croire qu'en y allant doucement il allait rassurer [...]. » Une ambivalence qui, au contraire, « n'a fait qu'accroître la défiance » à l'égard du vaccin.

Un conflit de générations

La lutte pour l'école ouverte

Je sais qu'une fois de plus, on me taxera de prétentieux, « médecin sans patient et trop sûr de lui », « convaincu d'avoir toujours raison, même quand il a tort ». J'ai eu tort parfois, depuis le début de cette crise. Pas aussi souvent que le soutiennent mes détracteurs, mais c'est arrivé, oui. Et je l'ai reconnu. Quel intervenant, quel expert, quel médecin, ne s'est pas trompé au cours des deux dernières années ? J'ai eu tort, donc ! Mais pas cette fois, pas sur ce sujet essentiel, pas sur nos écoles.

C'est là un des atouts du modèle qu'avec Henri, en vertu de son génie et de son savoir-faire, nous avons construit. Contrairement aux outils qui ont été proposés par l'Institut Pasteur ou par l'INSERM, ce modèle est le seul à calculer la circulation du virus directement à partir d'une simulation des interactions humaines et non sur la seule base de probabilités « macro-systémiques ». Contrairement à la fausse évidence que beaucoup ont avancée durant la crise et continuent pour certains de postuler, c'est grâce à cet outil et à sa spécificité que nous en avons eu la confirmation et la certitude : les écoles n'ont jamais été le moteur de l'épidémie. Certes, depuis l'émergence d'Omicron, la contagiosité de ce variant est telle qu'elles le sont devenues mais comme le sont toutes les formes d'activité sociale de groupe. Le rôle négatif qu'on a voulu faire endosser à nos enfants et à leurs classes, de la maternelle jusqu'au lycée, est un rôle de composition, une responsabilité démentie par les faits. Et ce, n'en déplaise à ceux qui, en ce début 2022 réclament encore par voie de presse le prolongement des congés scolaires de fin d'année.

Plusieurs raisons viennent appuyer cette thèse qui a été parfois adoptée par nos dirigeants, pas assez régulièrement et de façon trop peu revendiquée à mes yeux. Reconnaissons cependant que tant le président de la République que le ministre de l'Éducation nationale ont su, au moins à certains moments, résister aux pressions multiples des plus « enfermistes » de nos médecins nationaux. Ainsi, ils peuvent aujourd'hui revendiquer haut et fort un nombre de jours de fermeture des établissements scolaires parmi les plus bas des pays développés. J'ai malheureusement le sentiment que la population française n'a pas totalement conscience de l'importance fondamentale qu'ont aujourd'hui les portes ouvertes d'une école pour les parents comme pour les enfants. Des enfants qui, c'est le premier enseignement du modèle que nous avons établi, sont pour la plupart asymptomatiques, ne toussent pas et donc transmettent le virus nettement moins que les adultes.

Par ailleurs, contrairement aux bars, aux restaurants et autres lieux dits de convivialité, les classes des écoles ne sont pas des lieux de passage. Les 30 ou 35 personnes, enfants et enseignants qui y entrent le matin sont les mêmes que ceux qui en ressortent le soir. Or le facteur X de cette épidémie, ce sont les rassemblements de personnes qui ne se croisent pas dans la vie de tous les jours. Alors que les écoles sont incontestablement des cercles fermés.

Quant aux différentes simulations qui ont été réalisées, elles ont toutes démontré que la fermeture des établissements scolaires ne change en rien la dynamique épidémique. Ainsi, une étude réalisée à la demande de la puissante agence américaine qu'est le CDC (Center for Disease Control) a établi que la fermeture des établissements dans les États qui ont retenu cette stratégie n'a en rien modifié l'évolution en leur sein des courbes de contamination.

Enfin, la partie de la population qui joue le plus grand rôle dans la transmission est celle comprise entre 18 et 40 ans, tout simplement parce qu'elle est la plus socialisée, celle où les contacts « inhabituels », les rencontres, les échanges sont les plus nombreux et les plus fréquents. À l'inverse, il a été démontré que la contamination des enfants, ou par les enfants, se limite essentiellement au cercle familial quotidien.

Toutes ces données n'ont pas suffi, durant deux années, pour faire taire les « enfermistes » de tous poils. Ainsi de certains hospitaliers dont le seul argument, à l'encontre de ce constat, a été de m'opposer mon statut de médecin sans patient : « Il ne peut pas comprendre, il ne se débat pas chaque jour avec un service de réanimation plein comme un œuf. » Argument falot ! Heureusement que d'autres l'ont compris, tel le professeur Robert Cohen, l'un des chefs de file de la pédiatrie en France, infectiologue de surcroît, qui nous a soutenus et accompagnés dans ce combat contre les fermetures d'écoles prolongées. Un combat parfois âpre et difficile où nous avons eu à contredire les cris d'alarme de ceux qui, emmenés par l'épidémiologiste Dominique Costagliola élevée au rang de « caution » suprême, ont depuis les tout premiers jours formé une sorte de groupe d'influence particulièrement actif auprès du ministre de la Santé.

C'est pour cette raison que les relations entre Olivier Véran et Jean-Michel Blanquer ont été presque en permanence tendues et conflictuelles. Sur cette question de la fermeture des écoles, si lourde de conséquences pour les enfants, pour leur éducation, évidemment, mais aussi pour leur équilibre psychologique, leur bien-être et, dans certains quartiers, leur équilibre alimentaire, les deux ministres se sont opposés frontalement. Et c'est un des sujets sur lesquels Olivier Véran s'est comporté clairement comme le ministre des Soignants plutôt que comme le ministre de la Santé des Français. En prônant la fermeture des écoles, il a choisi son camp, il a écouté les urgentistes, jamais les pédiatres, et s'est assuré une sorte de « tranquillité » du côté de l'hôpital auquel il avait politiquement besoin de donner des gages. Cette opposition frontale entre les deux membres du même gouvernement n'aura jamais cessé.

Force est de constater une forme d'injustice à voir l'opinion, au tout début de l'année 2022, accabler Jean-Michel Blanquer au sujet des protocoles à appliquer pour les enfants et élèves positifs à la Covid-19. Le reproche ressort bien injustifié car il est fort probable que ces règles insensées sont des concessions faites aux « amis » d'Olivier Véran, finalement soulagés à chaque fois qu'une classe se ferme. Cette tension aurait même pris un tour malsain, si j'en crois cet ami journaliste familier des couloirs du ministère de la Santé : « On peut se demander qui a balancé l'info selon laquelle Jean-Michel Blanquer passait ses vacances de fin d'année à Ibiza. Aux yeux de nombre d'entre nous, le responsable est tout trouvé et n'est probablement pas très éloigné de l'Avenue de Ségur. »

Reste que, pendant ce temps, alors que certains règlent leurs comptes, il y a à la fin janvier 22 000 classes fermées. Soit près de 700 000 enfants privés de leur cadre quotidien, de leur enseignement et de leur équilibre. C'est aussi sous l'influence de ce ministère des Mesures restrictives que le masque est conservé dans les cours de récréation pendant que les adultes peuvent s'en affranchir dans la rue, alors même que près d'un quart des visites chez le pédiatre de ville sont motivées par le port du masque prolongé chez les enfants. Par ailleurs, une étude de l'Association française de pédiatrie ambulatoire souligne que 82 % des enfants montrent des symptômes physiques tels que des maux de tête ou des troubles du langage et les deux tiers des changements de comportements affectant l'équilibre de leur sommeil ou de leur alimentation. Le plus choquant a été la réaction des « enfermistes » qui sont allés jusqu'à délégitimer la parole des pédiatres et des parents interrogés dans cette étude, démontrant ainsi un fanatisme décomplexé. Tout cela en période de forte décroissance épidémique.

La prise de conscience des dégats sur la santé mentale

Certains spécialistes ont traversé cette crise enfermés dans les certitudes de leur unique savoir et de leur seule spécialité, se refusant à envisager la pandémie et ses conséquences autrement qu'à travers leur R ou le taux d'occupation de leurs services de réanimation. Pourtant, par-delà évidemment les dizaines de milliers de morts dus à la Covid-19 et le malheur de leurs proches, ce virus ainsi que les moyens mis en œuvre pour le contenir provoquent des effets dramatiques sur notre société. Certes, chacun joue dans son couloir, réfléchit avec les outils qui sont les siens, avance ses solutions. Mais à force de ne jamais chercher à voir au-delà, on oublie les dommages qui ne sont en rien collatéraux et dont je saisirai l'importance presque dans ma chair au tout début du mois de février 2021.

Quelques jours plus tôt, sur le plateau de LCI, je débats avec Catherine Hill. Cette épidémiologiste aura au moins fait preuve, durant la crise, d'une cohérence à toute épreuve. Alarmiste, pour les uns, « enfermiste » pour les autres, elle est probablement et l'une, et l'autre, et n'aura eu de cesse, jusqu'au bout, hier encore, de s'opposer à tout ce qui ressemble de près ou de loin à un allègement des contraintes. Elle est le symbole de cette catégorie de soignants et d'experts qui refusent, quoi qu'il arrive, de considérer la pandémie dans sa globalité, sous tous ses aspects, dans toutes ses dimensions.

Nous voilà donc à évoquer les conséquences de possibles mesures à venir. Catherine Hill est sur ce point sans aucune ambiguïté. À ses yeux, l'argument selon lequel il faut retarder un éventuel confinement sous prétexte d'un impact sur la santé mentale, des jeunes notamment, est « ridicule ». Mais que sait-elle alors de cet impact ? Que sait notre pays de cet impact ? Pour ma part, j'ai rapidement pris conscience de cet aspect caché de la crise grâce à plusieurs amis psychiatres avec qui nous n'avons jamais cessé de discuter. Nous avons toujours considéré, avec Henri, qu'il était dommageable pour notre société, pour les rapports humains, pour l'équilibre de chacun, de s'engager dans une politique de confinement à répétition, corollaire incontournable de cette stratégie du Zéro Covid que nous avons combattue. Mais l'impact de la crise sur les plus jeunes va m'exploser au cœur et au visage au point de devenir une de mes obsessions.

Quelques jours seulement après le débat avec Catherine Hill, je participe à un discret échange sur les réseaux sociaux dont le sujet central est la progression des syndromes dépressifs chez les étudiants. En ligne par visio, deux jeunes filles nous décrivent alors leurs conditions de vie. Deux jeunes filles qui, avant que le virus ne vienne bousculer leur vie, avaient tout pour elles, tout pour être heureuses, bien dans leur peau, découvrant les bonheurs de la vie estudiantine. Mais là, brutalement, tout a changé. Un isolement social presque total depuis plus de 10 mois, une vie enfermée dans des espaces de 15 à 20 mètres carrés, sans aucun contact extérieur à part le téléphone et l'ordinateur, et, à court comme à moyen terme, le sentiment de ne plus pouvoir en sortir... Presque logiquement s'installent alors les idées noires, de plus en plus tenaces, dès le matin au réveil et jusqu'au soir, sans espoir.

Des récits que les chiffres, implacables, confirment : à la fin 2021, un Français sur dix affirme avoir eu, depuis un peu moins de deux ans, des pensées suicidaires. Entre le premier confinement et le printemps 2021, la consommation d'antidépresseurs a été multipliée par 4 ! Sans parler des troubles du sommeil, qui, au cours de cette même période, ont concerné près de 7 Français sur 10.

Mais au-delà des chiffres, c'est le récit de ces deux jeunes filles qui m'a bouleversé. J'ai été ému et j'ai eu peur. Peur pour toute cette génération oubliée de tous, sacrifiée sur l'autel du R alors que la moyenne d'âge des personnes décédées à la suite d'une infection par la Covid-19 est alors de 84 ans. Il y a là comme une mise au ban de la société de celles et ceux qui sont pourtant son avenir et à qui nos décisions collectives ont volé deux précieuses années.

Comment a-t-on pu s'engager dans une telle voie en oubliant, jusqu'au début de l'année 2021, de simplement se poser la question ? Car soyons francs : le problème de la désespérance des plus jeunes n'a pas fait la une des médias avant ces semaines-là. Et personne n'a pu entendre le moindre mot sur le sujet de la part de la ministre de l'Enseignement supérieur, Frédérique Vidal, qui semble alors totalement déconnectée de cette terrible réalité. Ministre superflue parce que mutique sur un sujet si grave et si essentiel !

Le lendemain de cet échange par visio et de ces deux témoignages qui m'ont hanté de longues heures durant, je suis présent à l'émission de Laurence Ferrari sur CNews. La journaliste s'intéresse elle aussi à cette question et m'interroge. Mais les mots ne sortent pas. J'ai la gorge serrée. Je revois les visages de ces étudiantes sur lesquels malgré la qualité de l'image, on pouvait percevoir l'angoisse et, pire encore, une sorte de désespérance, de renoncement, de résignation. Je me sens coupable comme nous aurions dû le ressentir, nous tous, responsables de ne pas avoir pensé aux plus jeunes comme nous avons pensé à nos aînés. Plusieurs secondes se passent avant que je parvienne à répondre : « Ce que nous faisons à nos étudiants est une honte, c'est une chose abominable qui nous déshonorera longtemps. »

Déjà, quelques semaines plus tôt, j'ai participé à plusieurs réunions organisées avec le soutien d'associations de retraités. Là, j'ai tenté d'expliquer que si cette épidémie concerne essentiellement la population âgée, l'état de santé de « notre jeunesse » en est pourtant directement impacté et la situation des étudiants devient particulièrement inquiétante. Déjà sensibilisé depuis le début de la crise par nos contacts psychiatres, je suis particulièrement informé de cet aspect depuis le mois de novembre

2020 et ma rencontre, sur un plateau de LCI, avec la psychologue Marie-Estelle Dupont, qui sait analyser la crise dans sa dimension sociale et dresse sur ce point un tableau pour le moins inquiétant.

Devant ces retraités, j'ai évoqué le risque que courent les plus jeunes et la montée d'un sentiment de désespérance. Convaincu que les 60 ans et plus auxquels je m'adresse sont aussi des grands-parents potentiellement préoccupés par cette situation, je n'ai pas hésité à leur dire qu'il faut désormais privilégier des approches par classe d'âge et que, si demain, de nouveaux confinements s'imposent comme inévitables, il faudra laisser vivre les plus jeunes. Des grands parents, des papis et des mamies se montrent, ce jour-là, aussi décevants que catégoriques : « Il est hors de question que nous soyons traités différemment des autres » ! Décevants, catégoriques et d'un égoïsme absolu.

De surcroît, ils sont parfaitement encouragés par le gouvernement dont la seule réponse sera l'instauration d'un chèque psy ouvrant droit à trois consultations après validation par un médecin généraliste. À l'heure du « quoi qu'il en coûte », relevons que les professionnels qui se portent volontaires pour assumer cette tâche se voient rémunérés entre 30 et 40 € nets les 45 minutes de consultation qui, habituellement, sont proposées au minimum à 60 €. Les premiers bilans de cette initiative ne seront pas franchement positifs, notamment parce que trois consultations sont évidemment insuffisantes pour régler des problèmes aussi lourds. Et il semble un peu honteux, minable même, de vouloir négocier les émoluments consentis aux psys au risque d'en éloigner un grand nombre de l'opération alors qu'on a pris en charge, sans barguigner, les indemnités chômage de millions de personnes.

Il ne faut donc pas s'étonner de constater une augmentation de 300 % du nombre de tentatives de suicide chez les moins de 15 ans à la fin de l'année 2020 aux urgences de l'hôpital Robert Debré, chiffre validé et commenté dans une publication du très sérieux *Journal of the American Medical Association* que Marie-Estelle Dupont présentera au cours de l'émission *L'Heure de pros* sur CNews. Avec pour seul commentaire de la part des autres invités, notamment de Robert Ménard, maire de Béziers, une moue signifiant « Et alors ? Qu'est-ce qu'on peut y faire ? »

Je voudrais être sûr qu'un tel fatalisme n'a rien à voir chez certains avec le fait que les plus de 60 ans votent de façon plus massive que les étudiants. Mais pour d'autres, pas d'ambiguïté. Le dédain qu'ils affichent vis-à-vis de ce risque qui aura pesé, deux années durant, sur la santé mentale des plus jeunes n'a aucune motivation électorale. Il est juste le fruit de leurs œillères mentales, de leur égocentrisme scientifique, de leur ignorance volontaire pour tout ce qui ne concerne pas leur pratique médicale, leurs services, leurs taux d'occupation. Ainsi, ce tweet signé d'un urgentiste dont, par charité, je tairai le nom, et qui, en réponse à un article que j'ai publié sur le sujet, les chiffres de l'hôpital Robert Debré à l'appui, ose écrire : « Les suicides des ados parce qu'il faut se laver les mains quand on s'est mouché... » Encore un soignant bien décidé à ne voir la crise qu'à travers sa petite fenêtre. Et même si lui et ses équipes sont épuisés par des mois de mobilisation, rien ne l'autorise à écrire de telles horreurs.

La seule réponse à ces comportements, pourtant aux antipodes de la médecine moderne, s'appelle justement la Santé publique. Elle seule permet de se poser la question : est-ce qu'on peut justifier de plonger toute une génération dans un trouble dépressif d'autant plus inacceptable qu'il touche d'abord les plus fragiles, ceux qui socialement n'ont pas la possibilité d'échapper aux conséquences du confinement ? C'est évidemment une question complexe qui nécessite analyse et méthode. Une approche globale. Cette approche, nous la maîtrisons parfaitement, nous les « médecins sans patients » auxquels les donneurs de leçons reprochent leur « manque de terrain ». Cette approche, c'est ce que nous appelons une évaluation de santé publique.

Mais tout au long de la crise pandémique, une telle démarche n'a jamais intéressé personne parmi nos décideurs. Ce qui a compté avant tout pour eux, à l'exclusion de tout le reste : les réanimations, l'opinion publique, ce qui se fait ailleurs, anticiper le bilan du gouvernement, histoire de ne pas se « louper » aux prochaines élections. Une équation dans laquelle les jeunes n'ont jamais eu leur place. Comme si leur souffrance, pourtant criante, n'avait pas vraiment compté. Pourtant, comme l'a dit le psychiatre Christophe André : « Le coût psychologique de cette crise sera beaucoup plus lourd que son coût virologique. » Mais cette parole n'a pas été entendue. Ou trop tard. Triste leçon, triste bilan.

Le combat contre le Zéro Covid ou la catastrophe évitée de peu

Alors que la campagne de vaccination peine à se lancer, la pandémie s'installe à un niveau élevé, sorte de plateau que l'on ne parvient pas à faire sensiblement baisser. Ainsi, entre la fin décembre 2020, la levée progressive du deuxième confinement, et le début de mai 2021, la sortie du troisième confinement, le nombre d'hospitalisations demeurera compris entre 24 000 et 31 000. L'arrivée d'un nouveau variant, le britannique, dope les contaminations et l'hôpital, s'il tient, vit des moments tendus. Une tension qui ne sera pas apaisée malgré les dispositions du Ségur de la Santé et les milliards d'euros qui y seront consacrés dans l'urgence.

C'est à cette période que va se jouer une des oppositions les plus frontales de la crise, le gouvernement étant mis sous pression par les partisans d'une approche qui me semble pourtant quasi délirante : celle du Zéro Covid. La première mèche est allumée le 15 février par la publication d'une tribune, signée par 27 scientifiques européens, qui en appellent à « mettre fin aux alternances de confinements et d'allègements », à refuser tout forme de « vivre avec » et à décider de ne jamais laisser circuler le virus, même à des taux de contamination très faibles. En France, Étienne Flahaut et Dominique Costagliola sont les chefs de file de cette théorie qui prend pour modèle la démarche adoptée par la Nouvelle Zélande, mais aussi la Chine et l'Australie.

Leur idée est aussi simple que drastique et surtout invivable : confiner durement les Français jusqu'à l'éradication du virus. Alors, et seulement à ce niveau zéro, il sera possible de redonner leur liberté aux citoyens tout en fermant les frontières de la façon la plus hermétique qui soit, quitte à reconfiner localement lorsqu'un cas de contamination apparaîtra.

Le plus surprenant n'est pas que de nombreux hospitaliers aient adhéré au moins un temps à cette thèse : la stratégie du Zéro Covid garantit, à court ou moyen terme, un allégement sensible de la pression sur les hôpitaux. Ce qui néanmoins étonne est que cette théorie gagne la France et ses voisins alors que les vaccins sont désormais disponibles. Face au camp des « supra-enfermistes », c'est une véritable guerre idéologique que nous allons mener dans les médias et ailleurs. Elle me fera de nouveau basculer vers les « rassuristes », ce que j'assume avec fierté tant les conséquences d'une telle stratégie auraient pu être dramatiques pour notre pays – économiquement, socialement et en matière de santé mentale. Nous savons alors que la seule chose à faire pour ne pas foncer dans le mur, c'est tout simplement de vivre avec le virus et de vacciner, vacciner, vacciner.

Plus d'un an après la publication de cette tribune, même s'ils continuent à faire mine de ne pas le savoir, tous les partisans de cette folie ont vu les pays engagés dans cette stratégie faire volteface et adopter une approche fondée sur la vaccination de masse. Seule la Chine poursuit sur cette voie mais en utilisant des méthodes pour le moins autoritaires, sinon dictatoriales. Des méthodes que l'on ne saurait fort heureusement transposer chez nous. Après les images diffusées lors des JO d'hiver de Pékin, où l'on perçoit l'affliction des jeunes sportifs pistés, isolés, empêchés de tout contact, est-ce que nos partisans du Zéro Covid peuvent rester convaincus qu'il fallait en passer par là ?

Le mirage de la fermeture des frontières

Parmi les mesures totalement inefficaces mises en place pendant la crise, le contrôle aux frontières garde un goût particulièrement amer pour les Français de l'étranger. L'inutilité de ce geste spectaculaire mais stérile sera confirmée par plusieurs travaux de modélisation. Et endossée par diverses instances. Le plan pandémie-grippe, établi dès février 2012, souligne que la fermeture des frontières n'a pas d'intérêt à partir du moment où il existe en France une transmission du virus. Dans le premier avis qu'il rend le 12 mars 2020, le Conseil scientifique indique qu'il « n'identifie pas d'argument scientifique en faveur d'un impact de la fermeture des frontières sur l'évolution de l'épidémie. Dans un contexte d'épidémie généralisée en France, la fermeture des frontières n'aura pas d'impact notable sur les chaînes de transmission, qui sont locales. Il y a un consensus scientifique pour dire que, lorsqu'une épidémie croît rapidement dans un pays voisin, la fermeture des frontières ne fait que légèrement retarder le démarrage de l'épidémie locale. » De son côté, l'OMS va répétant qu'elle ne conseille pas cette mesure comme moyen de lutte contre la circulation du Sars Cov-2.

Malgré tout, la France et l'Europe fermeront leurs frontières jusqu'à l'été 2020 puis, de nouveau, entre octobre et décembre 2020 lors du deuxième confinement. Pendant l'accalmie de l'été 2020, beaucoup de pays continueront de maintenir des restrictions tandis que des obligations d'isolement de 14 jours à l'entrée rendront quasiment impossible d'y voyager. Ces mesures n'auront aucun impact sur l'évolution de l'épidémie à part les quelques rares exceptions des pays qui s'étant aventurés dans la stratégie Zéro Covid persisteront pour certains deux ans plus tard à enfermer et couper du reste du monde leur population. C'est ainsi que pendant une longue année, les

Français de l'étranger ne pourront pas, dans leur grande majorité, rentrer voir leur famille et leurs amis.

La décision la plus politique de toutes demeure cependant celle prise à l'encontre du Brésil, puis étendue à l'Afrique du Sud lors de la vague Omicron et qui punit à nouveau indifféremment les Français de l'étranger. Début avril 2021, un nouveau variant est identifié au Brésil, le variant BR-P1 (qui deviendra la variant Gamma). Dans le courant de ce même mois, une importante vague épidémique potentiellement associée à cette apparition frappe le nord du pays. Elle tourne sur place à la catastrophe sanitaire pour cause de manque de lits, de réserves d'oxygène et de personnels soignants qualifiés. La pression populaire s'accentue pour pousser le gouvernement Bolsonaro à réagir – gouvernement qui, on s'en souvient, nie ou minimise l'existence ou l'amplitude locale de la pandémie. Une commission d'enquête parlementaire révélera quelques mois plus tard que le pouvoir exécutif a sciemment laissé ce désastre s'installer à Manaus car il souhaite démontrer que le traitement précoce par chloroquine, que Bolsonaro soutient depuis le premier jour, permettra de contrôler l'épidémie. Encore des morts auxquels Didier Raoult devrait peut-être penser.

Les médias internationaux relaient l'importance que revêt l'épidémie à Manaus, désignent comme responsable le variant BR-P1 et l'information est finalement reprise dans la presse française. À partir cet instant, le Conseil scientifique, appuyé par des « enfermistes », va presser les politiques, à commencer par ceux de l'opposition, de boucler sans tarder les échanges avec le Brésil. La fermeture totale des frontières n'étant pas possible, puisque les Français de l'étranger doivent pouvoir continuer à revenir chez eux à la suite de la décision du Conseil d'État, Oliver Véran recourt à la stratégie gouvernementale qui est de mise chaque fois qu'il s'agit de contourner l'État de droit : pourrir la vie des Français venant du Brésil pour que, *de facto*, ils ne veuillent plus rentrer dans l'Hexagone. Et ce, sans pour autant édicter une interdiction formelle qui ne serait pas constitutionnelle.

En avril 2021, le gouvernement passe un décret qui contraint tout voyageur arrivant du Brésil à une mise en quarantaine sous contrôle policier de 10 jours à raison de 22 heures quotidiennes. Comme d'habitude au cours de la crise, ce décret n'a fait l'objet d'aucun débat public. Henri, qui est directement concerné puisqu'il vit à Rio, dépose un recours auprès du Conseil d'État, recours qui demeurera plus d'un an sans réponse. Ses arguments sont fondés sur le manque de proportionnalité puisque lorsque le calcul est établi correctement, le risque qu'un Français revenant du Brésil et disposant d'une PCR négative, obligatoire pour pouvoir voyager, importe un cas du variant BR-P1 est inférieur au risque que présente un Français résidant en France de le contracter. L'action engagée porte également sur l'illégalité de la mise en isolement puisqu'elle ne respecte ni la procédure inscrite dans la loi (le placement ne peut être considéré que sur proposition du directeur général de l'Agence régionale de santé), ni les règles fixées par le Conseil constitutionnel (la mise en quarantaine ne peut être prolongée au-delà de douze heures par jour sans l'autorisation du juge judiciaire).

Or, de l'avis même du Conseil scientifique, le variant BR-P1 est moins contagieux que le variant Alpha (apparu au Royaume-Uni) qui circule alors en France, et présente un danger potentiel d'échappement vaccinal inférieur au variant sud-africain, lui aussi déjà présent en France et dans une proportion encore plus importante. Il n'y a donc pas, à l'époque, de risque substantiel de diffusion ou de sévérité du variant BR-P1. L'histoire le confirmera, puisque ce variant n'aura aucun impact dans l'Hexagone alors qu'il y sera présent de façon continue pendant les mois d'avril et de mai.

Le même décret sera utilisé par la suite pour mettre à l'isolement les personnes venues d'Afrique du Sud consécutivement à l'apparition du variant Omicron : de nombreuses familles d'expatriés passeront Noël dans un hôtel glauque en bordure du tarmac des aéroports bien que leurs membres aient été tous testés négatifs. Or à cet instant de l'année, il est évident pour tous les experts que le variant Omicron va se diffuser très largement en France. Ces mesures n'ont donc d'autre visée que politicienne, quitte à humilier et faire souffrir des milliers de personnes sans raison.

Les Français de l'étranger, qui représentent une population de plus de 3 millions de personnes, seront les grands oubliés de ce gouvernement, sans égard pour leur contribution au rayonnement national sur les cinq continents. Les fermetures de frontières, les isolements obligatoires (qui ne l'ont jamais été pour les « Français de l'intérieur »), les règles absurdes sur les vaccins considérés comme « valides », le pass sanitaire puis vaccinal ont conduit beaucoup de nos compatriotes vaccinés dans leur pays de résidence à devoir se soumettre à des tests, voire à des vaccinations à répétition pour pouvoir décrocher les précieux sésames. Bien que la France n'ait pas validé certains vaccins en usage ailleurs et approuvés par l'OMS, le gouvernement n'a jamais mis en place une distribution, dans les pays où ils n'étaient pas disponibles, des vaccins « reconnus » en France à destination de ses propres citoyens.

Signe des temps, coup sur coup, le 19 décembre 2021 d'abord, le 14 janvier 2022 ensuite, le *JDD* va publier deux tribunes de Français de l'étranger. La première appelle à la réélection d'Emmanuel Macron. La seconde, en une réponse cinglante, appelle au contraire à une alternative « républicaine et sociale » au président sortant. Elle constitue surtout un bien meilleur reflet de la réalité qu'ont vécue les expatriés depuis le début de la pandémie.

Le variant Macron

Des messages à destination du Château

À la fin de l'hiver 2021, nous allons avoir l'opportunité de pouvoir transmettre directement au président de la République des données et des prévisions, que, de l'aveu même de son cabinet, il va lire, analyser et utiliser. En réalité, je récupère par hasard l'adresse électronique du chef de l'État grâce à l'un de ses plus fidèles soutiens, Jean-Marie Battiston, ex-entrepreneur et ancien gestionnaire de fortunes qui est passionné par la crise et dévore les émissions des chaînes infos sur le sujet. L'homme est hyperactif sur la pandémie et commente par mail chacune de mes interventions médiatiques en envoyant copie de ses textes à Emmanuel Macron... mais sans prendre le soin de placer le locataire de l'Élysée en copie cachée.

Après un rapide échange préliminaire, histoire de ne pas nous imposer, nous sommes encouragés à transmettre aussi souvent que nécessaire les résumés de nos analyses à Emmanuel Macron. Sans qu'au préalable on nous ait fait passer le message de rester discrets, à tout le moins pour l'instant, quant à ce dialogue par courriels interposés. Je fais alors l'hypothèse que le poids des administrations de l'État et des institutions de la Santé est tel que certains ne tiennent pas à afficher le fait qu'ils osent prendre leurs sources ailleurs que dans les cercles désignés.

Si nous allons donc régulièrement transmettre nos données chiffrées sur l'évolution de la pandémie, le premier sujet sur lequel nous choisissons d'alerter le président est un dossier qui, depuis des mois, nous interpelle et nous inquiète. Et pour cause ! La France est l'un des rares pays au monde qui va bloquer la vente des autotests. De nombreuses nations vont largement utiliser et diffuser ces dispositifs alors que le gouvernement n'autorisera leur vente qu'en avril 2021 et exclusivement en pharmacie. Afin de justifier cette décision, Olivier Véran n'hésitera pas à se déplacer dans les studios de BFM pour y affirmer que le blocage est dû à la qualité défaillante des tests et que leur distribution sans contrôle risquerait d'être à l'origine de clusters. Médiatiquement, je me bats de toutes mes forces contre cette position.

Évidemment, comme pour les masques et comme pour n'importe quel dispositif médical, il existe des opportunistes sans scrupule qui vendent des vessies pour des lanternes, comme disait ma grand-mère. Mais dans cet univers, il existe surtout des industriels sérieux dont les produits sont par ailleurs validés et labellisés par des certifications reconnues au niveau européen. Au micro de BFM, Olivier Véran fait donc un amalgame délibéré, ou preuve d'une cécité plus ou moins volontaire. D'autant plus que nos réseaux de distribution des produits de santé sont suffisamment performants pour ne pas laisser passer des autotests non validés.

Alors pourquoi ce blocage du côté du ministre ? Sur ce point précis, je n'hésite pas à soutenir qu'une fois encore, Olivier Véran se comporte plus ici comme le ministre des Soignants que comme le ministre de la Santé. Il agit, sur ce dossier, sous la pression directe de deux lobbys puissants : celui des pharmaciens et celui des laboratoires d'analyses. L'un et l'autre craignent de perdre un revenu conséquent avec la mise à disposition de ces autotests que, pourtant, plusieurs pays ont intégrés dans leur stratégie nationale de *testing*, notamment dans les institutions scolaires.

Dès le 12 février 2021, nous informons le président de la République sur ce dossier en soutenant que nous pourrions sortir des mesures de restrictions en vigueur grâce à une large utilisation des autotests. Une étude publiée trois jours plus tôt dans la revue *Nature*, qui n'est pas vraiment l'*Almanach Vermot*, démontre le rôle que pourraient jouer ces dispositifs dans une stratégie globale. Par ailleurs, une note que nous avons conçue avec l'université de Harvard souligne l'intérêt de l'autotest répété pour faire baisser le R de l'épidémie. Nous proposons au chef de l'État un lien pour accéder à ce document. Si Emmanuel Macron nous répond et, je le crois, prend connaissance de ces éléments, le ministre de la Santé, pour sa part, ne bouge pas d'un iota. Faut-il remercier de la sorte les pharmaciens et les laboratoires pour le rôle, incontestablement important qu'ils ont joué depuis le début de la crise ainsi que pour leur mobilisation indiscutablement efficace ? Nous revenons à la charge, dans les médias, en réitérant nos propos.

Plusieurs industriels concernés par la production de ces autotests que nous joignons nous confirment le blocage du ministre et de ses services. Nous allons continuer d'informer le président de la République sur les perspectives que leur mise à disposition permettrait d'envisager. Car il y a urgence, et manifeste : en ce mois de mars 2021, l'actualité regorge de ces fêtes clandestines entre jeunes, de ces « boîtes sauvages et éphémères » qui sont, on pouvait le craindre, la réaction logique d'une jeunesse qui vient de traverser plus de 12 mois d'isolement.

« Bonsoir Monsieur le président. Il semble que de nombreux cas graves de Covid soient liés à des collégiens/lycéens qui participent à des soirées puis contaminent leurs parents dont certains finissent en réanimation. Étant donné qu'il est peu probable que les jeunes arrêtent si facilement leurs soirées, je pense qu'il serait opportun de distribuer des autotests nasaux antigéniques dans les établissements. Les professeurs expliqueraient leur utilisation. Les Anglais, avec qui nous avons discuté cet après-midi, vont mettre ça en place. Ils ont commandé pour 1 milliard de £ de ces tests antigéniques. »

Tel est le message que nous envoyons le 25 mars à Emmanuel Macron. Mais, nous Français, serons quasiment les derniers en Europe à valider une commercialisation acquise ailleurs. C'est début avril 2021 que l'Agence nationale de sécurité des médicaments et des produits de santé autorisera les autotests après des mois et des mois d'examen des dossiers, mais exclusivement en pharmacie. Des pharmaciens qui ne seront pas tous très motivés à vendre ces dispositifs qui, *de facto*, et même à prix élevé, les privent d'un revenu non négligeable, celui des tests réalisés en officine. Lorsqu'il leur arrive d'affirmer à leurs clients/patients qu'il n'y en a plus de disponibles à la commande, ils pointent du doigt les grandes surfaces en affirmant que Carrefour, Auchan, Leclerc et autres ont fait des stocks gigantesques pour les vendre dès qu'il sera possible et préempter ainsi le marché. Pourtant, il faudra encore attendre 8 mois pour que ces mêmes autotests, sous la pression de la vague Omicron, soient accessibles en supermarché. Combien de milliards d'euros nos finances publiques auraient-elles pu économiser en mettant ces produits à disposition, en même temps que nos voisins européens ? Combien de jeunes et de moins jeunes auraient évité de contaminer leurs parents ou leurs amis en utilisant ces autotests ?

Pro ou pas, mon cœur balance

C'est un journaliste croisé sur un plateau, le 9 avril 2021, qui me fait la remarque en ces termes : « Ça y est, cette fois tu as les honneurs du portrait de la der de *Libé* ! » Je le redis : je ne suis pas un grand consommateur des médias papier. Probablement une question de génération. Et avant que ce journaliste qui affiche 20 ans de plus que moi, la classe d'âge précédente donc, celle des papivores, ne me tende, comme s'il m'offrait un précieux cadeau, un exemplaire du *Libération* sorti le matin même, je ne savais pas le poids du traditionnel portrait qui caractérise la dernière page de ce quotidien.

En gros et gras, ce titre, très *Libé* et plutôt réussi : « Martin Blachier, il n'en fait qu'à son test ». Selon Luc Le Vaillant qui signe l'article, je squatte les plateaux télé, je défends Macron et je m'imagine parfois en ministre de la Santé. Ce journaliste, qui compte parmi les plumes de la profession, n'est pas le premier à suggérer que je tire pour le camp du président et que le sens caché de ma démarche médiatique est d'aboutir Avenue de Ségur. C'est un refrain commun à certains de ses alter egos depuis un peu plus d'un an. S'ils savaient... S'ils savaient à quel point ce plan de carrière est éloigné de mes rêves les plus fous ! La politique n'a jamais figuré dans mon agenda personnel.

J'ai des confrères et consœurs, croisés au cours de mes études de médecine, qui se sont plongés dans l'action syndicale avec l'idée, pourquoi pas, de prolonger cet engagement par une candidature électorale ou un poste dans un cabinet ministériel. Olivier Véran en est un parfait exemple, lui qui a été le président d'un syndicat d'Internes et qui a probablement eu très tôt l'idée d'exercer un jour les fonctions qui sont aujourd'hui les siennes. Contrairement à moi, donc, et malgré ce que semble vouloir démontrer le fameux portrait de *Libération*.

Mais pour le reste, me direz-vous ? Oui, en avril 2021, j'ai « applaudi la stratégie d'attente de Macron », la preuve pour moi d'un courage politique incontestable. Mais sûrement pas, à cette période comme plus tard, par souci d'un opportuniste positionnement politique. Oui, en me prononçant contre un prolongement du troisième confinement au-delà du 3 mai, je m'oppose alors à « l'hôpital [qui] hurle qu'on l'égorge et veut remettre le pays au cachot » selon les mots de *Libération*. Oui, à cet instant-là, deux camps s'affrontent avec une virulence qui n'est plus maîtrisée par certains intervenants.

En s'exprimant au micro de France Inter, le 19 avril, alors que le pays doit commencer à se rouvrir dans moins de deux semaines, Dominique Costagliola, tire le signal d'alarme des deux mains en affirmant que l'épidémie est sur un plateau haut, très haut et bien que le nombre de tests affiche une baisse depuis plusieurs jours, les chiffres de contamination sont probablement sous-estimés : « Je ne pense pas que l'on puisse espérer une baisse massive d'ici la fin du mois de mai », affirme ce matin-là l'épidémiologiste qui critique la réouverture des écoles, puis des lycées, prévue la semaine suivante.

Mais face à ces prévisions si catastrophistes, les données que notre société continue de produire dessinent une prospective totalement différente. Des données et des simulations que nous transmettons au cabinet d'Emmanuel Macron le 21 avril et qui prévoient une baisse prochaine du nombre de contaminations et donc de patients hospitalisés en soins critiques. À rebours donc du discours apocalyptique alors régnant.

Costagliola *versus* Blachier : les médias vont alimenter cette opposition qui exprime en effet une importante divergence de fond quant à l'évolution de l'épidémie et au choix des réponses à y apporter. Mais seuls les chiffres nous départageront. Et ils sont implacables. Lorsque Dominique Costagliola intervient sur France Inter, 5 970 personnes à travers la France sont en soins critiques. Le 31 mai, ils ne sont plus que 2 945. Là, il n'est plus question d'approches différentes, de modèles distincts, de personnalités antagoniques. Il est juste question des réalités !

Un déjeuner à l'Élysée

En cette fin du mois de mai 2021, mon étiquette, puisqu'il en faut une et que, durant cette crise, chaque expert intervenant a dû être classifié et claquemuré, plus ou moins de force, dans une case, histoire de ne pas s'embarrasser de nuances, mon étiquette donc a changé. Je ne suis plus, je l'ai dit, le « catastrophiste » inquiétant des débuts mais, au contraire, le « rassuriste » familier du moment. Désormais invité sur la plupart des plateaux de télévision, je n'ai de cesse de démontrer que la stratégie du Zéro Covid qu'appellent de leurs vœux un nombre croissant de médecins hospitaliers et d'experts sanitaires constitue une faute théorique, une erreur scientifique et une menace potentielle pour la bonne marche de notre pays ainsi que pour la santé physique et mentale de nos concitoyens.

Il est vrai qu'entre-temps nos travaux et nos prévisions ont été sérieusement crédibilisés par l'Institut Pasteur... à son corps défendant ! Cette noble institution avait en effet prévu, à grands renforts et relais de communication, une violente vague dès le début de cette même année 2021. Nous affirmions le contraire. Et nous avions incontestablement raison.

Parallèlement, le regard de certains médecins médiatiques, aux relations haut placées, a évolué au fil des mois. Le meilleur exemple de ce changement de pied reste celui du Dr Gérald Kierzek. Médecin urgentiste, passé par la Direction générale de la Santé et par le cabinet de Bernard Kouchner, il découvre en 2011 l'univers audiovisuel en intervenant régulièrement dans le *Magazine de la Santé* de France 5 animé par Michel Cymes avant de devenir chroniqueur sur France Inter, enchaînant par la suite Europe 1, D8, France 2, LCI, TF1. Il est également le directeur médical du site Doctissimo qui doit probablement être la première source d'informations santé du grand public avec près de 15 millions de visiteurs uniques par mois, selon la terminologie du genre.

J'ai rapidement croisé l'omniprésent Gérald Kierzek à l'occasion de mes premières « sorties » télévisuelles. Sur le plateau de LCI, nos rapports se sont plutôt mal engagés, Gérald me traitant d'épidémiologiste « à demi fou et trop loin du terrain pour être capable d'analyser la situation ». Un accueil des plus sobres et sympathiques en d'autres termes. Sans doute en était-il resté à mon étiquette alarmiste, mes annonces des 85 000 morts et de la seconde vague. Mais, au fil des rencontres, nos relations se sont peu à peu pacifiées pour devenir agréables et fructueuses. À partir des premiers mois de l'année 2021, le voilà qui s'intéresse même de près aux analyses et aux prédictions que PHE continuent de publier... et que je lui transmets avec plaisir. Gérald est inlassablement à la recherche de données, s'inquiétant toujours de passer à côté de quelque fait notable.

Il me faut rappeler, à cette occasion, que nous n'avons jamais généré un euro de chiffre d'affaires de ces milliers d'heures de travail, contrairement à ce que semblent croire certains médecins donneurs de leçons tel Christian Lehman qui n'a eu de cesse de me traiter de « VRP » de ma « petite entreprise ». Il ne nous reste plus qu'à espérer que c'est bien gratuitement, comme nous le faisons, que le même Christian Lehman livre sa chronique au quotidien *Libération*, chronique dont il ne manque pas une occasion de faire la promotion.

Quant à mon nouvel ami, Gérald Kierzek, il a eu l'occasion de croiser à plusieurs reprises Brigitte Macron, en participant à quelques-uns des événements de la Fondation LIVE (L'Institut des vocations pour l'emploi) qu'anime la Première Dame. Entre les deux « le courant est bien passé », confiera Gérald à un journaliste. « C'est une femme normale qui ne me voit pas comme un courtisan de plus. Je lui dis ce que je pense, elle apprécie. » Or ledit journaliste fréquente l'Élysée où il est invité de temps à autre à déjeuner. Aussi ne suis-je qu'à moitié surpris lorsque, courant mai 2021, Gérald me demande si j'accepterais de l'accompagner à l'une de ces occasions. Je comprends également ce jour-là que les données issues de notre modèle, et qu'il me demande désormais presque quotidiennement de lui communiquer, sont ensuite transférées par ses soins au Château, ce qui explique pourquoi il me répond systématiquement par « informations transmises » ou par « je fais remonter ».

Évidemment, j'accepte la proposition et, le 31 mai, à l'heure dite, je suis devant l'Élysée, avec mon inusable sac à dos et, fait rarissime, une cravate autour du cou : après avoir exploré le moindre centimètre carré de mes placards, j'ai dû m'en faire prêter une ! Conduit dans un salon doré, je patiente une dizaine de minutes avant d'être chaleureusement accueilli par Brigitte Macron. Elle est naturelle, a le contact facile et me remercie pour ce que je fais : « C'est très important, vous devez continuer. » Elle est suivie d'un des conseillers du président qui, en effet, a toutes les raisons d'être là : « C'est moi qui lis tout ce que vous envoyez », me glisse-t-il. Nous passons à table, autour d'une copieuse mais diététique assiette de crudités et, là, son message devient plus clair : « Le président est seul contre tous, et parfois il doit affronter d'énormes pressions. Et puis, est-ce que nous recevons vraiment les données les plus exactes, les plus utiles ? »

Brigitte Macron semble inquiète mais surtout désireuse de connaître la vérité. Elle sait que de nombreux biais existent jusque dans les conseils prodigués en haut lieu. Devant moi, elle regrette en substance la trop grande place qu'occupe la politique dans les avis des uns et les recommandations des autres. À tel point que l'Élysée éprouve le besoin de joindre en direct certains services hospitaliers pour connaître le nombre de lits vraiment disponibles : « Emmanuel vérifie tout. Certains soirs, et jusque tard dans la nuit, il épluche en détail les rapports d'occupation des hôpitaux. Et ensemble nous discutons de cette épidémie, et de ce qui s'est vraiment passé ces dernières semaines. »

Et la Première dame de poursuivre en s'adressant à moi : « Ce virus a été comme un stress-test pour notre système de santé. Et il en a révélé les dysfonctionnements. Il faudra changer des choses mais lesquelles ? » Alors qu'elle dresse ce bilan pour le moins pessimiste et lourd d'interrogations, je tente d'expliquer ce qui, selon moi, pose vraiment problème : « Ceux qui parviennent tout en haut de l'organigramme du système hospitalier sont surtout des profils politiques. Et il y a bien, dans notre pays, une crise de l'expertise. Crise qu'illustre parfaitement un Conseil scientifique qui n'est pas à la hauteur de cette tempête sanitaire. »

Si elle semble découvrir cet aspect précis, je sens tout de même que Brigitte Macron comprend mon argumentaire. Lorsque le plat, une pièce de viande dans mon souvenir, est terminé, j'ose lui dire ce que je ressens depuis quelques semaines, quitte à paraître un tantinet flagorneur. Mais j'ai déjà exprimé ce sentiment dans plusieurs de mes interventions médiatiques récentes : « Je suis vraiment admiratif du cran, du courage, dont a fait preuve le président en refusant, depuis des mois, de céder aux "enfermistes". » D'autant qu'ils monopolisent les médias et défendent l'approche complétement irréaliste qu'est la stratégie du Zéro Covid en bénéficiant, je l'imagine, de nombreux relais, et je sais combien ils sont agressifs, étant moi-même la cible de ce clan depuis de longues semaines.

J'insiste auprès de Brigitte Macron en tentant de la convaincre : « Vous et le président devez tenir sur cette ligne. » Je lui explique qu'ils ont fait le bon choix, qu'un confinement en janvier aurait été pire que tout et surtout inutile car il n'aurait pas empêché les recrudescences épidémiques par la suite. Et je conclus, en mettant dans mes mots le plus de sincérité et ce que j'espère être ma force de conviction : « Le Zéro Covid est une absurdité totale et un véritable danger pour la population. »

Le déjeuner terminé, Brigitte Macron prend le temps de me faire très gentiment visiter le palais de l'Élysée, visite nourrie de quelques anecdotes historiques. De toute évidence, en cinq années dans cette fonction qui n'en est pas une, constitutionnellement parlant tout du moins, elle a appris à gérer les égos. Ce qui au Château est probablement essentiel. Elle me raccompagne sur le fameux perron, et, avant de me laisser partir elle me demande de continuer d'envoyer ce que je peux et ce que je sais au président : « Vous, vous êtes en direct avec lui. »

La remarque me fait sourire puisque je n'ai jamais rencontré Emmanuel Macron, ni même échangé quelques mots avec lui. Mais il semble bien que mes informations lui parviennent sans filtre et qu'il en tient compte. Peut-être, avant tout, parce qu'elles sont effectivement « sans filtre ».

La fabrication politique du pass vaccinal

Tout au long de cette crise, je ne me suis jamais demandé s'il convenait d'être pro- ou anti-Macron. J'ai, et le répète, apprécié son courage lorsqu'il a refusé de céder à la panique générale en résistant aux alarmistes qui voulaient boucler le pays à double tour et le soumettre à une marche forcée vers le Zéro Covid aussi folle qu'inefficace.

Son courage, oui... car il en fallait pour prendre des décisions moins drastiques que celles réclamées à grands cris par des hospitaliers qui, sincères pour la plupart et épuisés, confrontés de surcroît depuis quelques mois aux départs nombreux d'infirmières et d'aides-soignants, ont craint de ne pas tenir et de voir les services de réanimation exploser. Son courage, oui, car dans ces moments-là, Emmanuel Macron a décidé de reprendre les choses en main, quitte à s'opposer, parfois publiquement, à son ministre de la Santé. « L'ambiance, entre les deux, est à couper au couteau », m'affirmera plusieurs fois un ami journaliste. À tel point que, selon lui, l'avenir politique immédiat d'Olivier Véran, après la présidentielle et bien sûr en cas de victoire du sortant, est pour le moins compromis.

Et pourtant... Sur certains sujets essentiels, le président de la République va donner l'impression de refaire de la politique politicienne. Ou bien de redonner, au moins un temps, les commandes au duo Castex-Véran. C'est le sentiment que j'ai eu lorsque le débat s'est ouvert puis s'est déchaîné à propos du pass sanitaire puis vaccinal.

À l'origine de cette décision, il y a surtout une méprise totale quant aux effets des vaccins sur la transmission du virus. Pourtant, dès les premiers mois de l'année 2021, des études ont relativisé sérieusement la capacité des différents vaccins disponibles sur le blocage des contaminations. L'efficacité de ces produits contre les formes graves est démontré de façon incontestable. Mais il apparaît assez rapidement que même un schéma vaccinal complet n'est pas protecteur contre la transmission et la contamination.

À chacune de mes interventions médiatiques, j'insiste sur l'absolue nécessité, chez les adultes, de se faire vacciner trois fois. Et même si je considère que la vaccination des plus jeunes n'est pas une priorité, je refuse d'être rangé dans le camp des vaccino-sceptiques. Ceux qui affirment aujourd'hui le contraire ont astucieusement oublié mes positions précédentes et celles que je continue de défendre, à savoir la vaccination obligatoire des plus de 50 ans et des personnes à risques, atteintes d'obésité, de diabète, d'hypertension ou d'insuffisance cardiaque. Si l'on revient à ces déclarations, je fais tout de même un drôle d'anti-vax.

Mais lorsque l'idée d'un pass sanitaire est avancée, le fait que les vaccins ne bloquent sur le long terme ni la contamination ni la transmission change la donne. Nous alertons immédiatement le chef de l'État à plusieurs reprises, dont le 6 juillet.

« Bonjour Monsieur le président. Israël a publié ce matin ses données sur l'efficacité vaccinale dans la vraie vie du vaccin Pfizer sur la transmission avec le variant Delta. La protection est de 64 %. Avec ce taux-là, l'immunité collective est non-atteignable ! Ce qui veut dire qu'une vague de contaminations est inéluctable. Nos prédictions misent sur début septembre mais plusieurs paramètres comportementaux pourraient avancer cette échéance. » Puis, après quelques courbes dont, paraît-il, Emmanuel Macron est friand, nous poursuivons : « Dans ce contexte, le pass sanitaire ou vaccinal n'est pas une option sérieuse, même s'il est étendu. En effet, l'efficacité sur la transmission avec le Delta est trop faible et nombre de jeunes pourraient, même en étant vaccinés, contaminer un proche vulnérable non vacciné et l'envoyer à l'hôpital. [...] La seule stratégie possible est la protection individuelle généralisée avec une couverture vaccinale de 100 % sur la population vulnérable. »

Mais cette fois, le dossier est devenu politique. Et Emmanuel Macron tout autant ! Il veut marquer des points et faire en sorte que l'opinion se souvienne de son habileté, au moment du scrutin présidentiel. Il est probablement persuadé que ce pass sanitaire va pousser à la vaccination. Ce qui est vrai mais pas pour les personnes qui auraient dû être ciblées. Sa grande erreur va être de s'entêter dans cette voie qui ne peut pas être une solution de long terme. Une fois encore, il aurait été plus efficace de fixer une règle commune : « Au-delà d'un certain âge vous devez être à jour de vos vaccinations. En deçà, vous y êtes encouragés. Et si vous ne respectez pas la règle, vous êtes sanctionnés. Lourdement. »

Nous revenons à la charge le 12 août dans un nouveau courriel : « Bonjour Monsieur le président. Les études se suivent et aboutissent aux mêmes conclusions : la vaccination ne protège qu'au maximum à 60 % contre la transmission du variant Delta. La dernière étude conduite par l'Impérial College estime même cette protection à 50 % après 2 doses de Pfizer. Ces données mettent à mal l'utilisation du pass sanitaire. En effet, rassembler dans un même endroit clos des personnes négatives mais non vaccinées et des personnes vaccinées mais potentiellement transmettrices expose les premiers à un risque élevé. Je rappelle que certains lieux présentent un sur-risque de plus de 1 000 % quant à la contamination, selon les données américaines, asiatiques et même françaises sur les lieux de transmissions. [...] Certes, le pass a permis d'augmenter la couverture vaccinale mais essentiellement chez les plus jeunes et très peu chez les plus de 60 ans. Étant donné la faible efficacité contre la transmission, l'effet protecteur attendu sur l'hôpital à l'automne sera donc moindre. »

Mais rien n'y fait ! Pire encore, peut-être l'instauration du pass a-t-elle pour effet pervers de radicaliser certaines personnes jusqu'alors hésitantes quant à la vaccination. Quelques mois plus tard, alors que la vague Omicron déferle, le président va persévérer dans sa logique en revendiquant même son envie « d'emmerder les non-vaccinés ». Cette fois, c'est le rythme parlementaire qui accentuera encore le décalage entre l'évolution de l'épidémie et les mesures mises en place. C'est probablement ce qui explique, en partie tout du moins, cet article que j'ai découvert dans le quotidien *Les Échos* du 14 janvier. Un sondage qui atteste que, pour ce qui est de sa gestion de la Covid, le gouvernement redevient minoritaire dans l'opinion, 54 % de la population affirmant ne plus faire confiance à l'exécutif. La preuve que souvent le courage finit par payer. Les erreurs, elles, s'acquittent comptant.

Omicron et après ?

Le déni ou l'habitude de la peur

En cette fin d'année 2021, les chiffres de la vague Delta qui a largement touché notre pays et qui bouscule l'hôpital avec près de 3 000 patients en service de réanimation suscitent, pour une fois, la presque unanimité des différents outils prédictifs... à quelques jours près. Nos estimations, qui tablent sur 60 % de la population déjà infectée en France, misent sur un pic de cette vague au cours de la première quinzaine du mois de décembre. Du côté de l'Institut Pasteur, on évoque plutôt la période de Noël. Au final, les données de Santé Publique France trancheront pour le 12 décembre.

Si le consensus semble s'imposer à ce niveau, il n'en est pas de même face aux consignes du Conseil scientifique : ses membres déposent dans la hotte du Père Noël une série de recommandations qui nous replongent un an en arrière lorsque certains suggéraient d'enfermer à double tour les grands-parents dans la cuisine et d'en jeter la clé. Combien doit-on être autour de la table ? Faut-il festoyer avec ou sans les séniors, les juniors ? Est-il vraiment requis d'ouvrir les fenêtres toutes les 15 minutes alors qu'il fait – 5 °C et que le prix du gaz atteint des sommets ?

La polémique est d'autant plus stérile qu'elle est inutile. Les chiffres de l'année précédente démontrent que Noël et le jour de l'an n'ont eu aucun impact. Le taux de positivité moyen des deux semaines du mois de décembre 2020, soit avant les vacances, était identique aux deux premières semaines de janvier 2021, soit après les vacances. Et sans que l'on retrouve des milliers d'anciens frigorifiés, oubliés loin du sapin et de la cheminée. Mais le ton et le tour qu'emprunte la polémique sont cette fois plus atténués : comme si les recommandations du Conseil scientifique participaient désormais du folklore de fin d'année au même titre que les guirlandes et le sapin.

Le 6 décembre, invité sur le plateau de David Pujadas, je relaye nos prévisions selon lesquelles la vague Delta (car à cet instant il n'est encore question que de celle-là), sera en phase descendante à Noël. Une fois encore, j'exprime mon agacement de citoyen face à la stratégie de la peur qui consiste à angoisser les Français pour être certains qu'ils se

« montrent raisonnables ». Mais après deux années de pandémie, je reste convaincu que les « Gaulois réfractaires » ont bien compris la leçon et qu'il n'est pas nécessaire de ressortir le Père Fouettard tous les deux mois. C'est presque le jour même que les autorités sanitaires d'Afrique du Sud, qui sont nettement plus performantes et organisées que certains ont bien voulu le dire, font état de l'apparition d'un nouveau variant. En théorie, il devrait être baptisé « Nu ». Mais l'Organisation mondiale de la Santé considère que ce « petit nom » serait trop proche de « New » en anglais. Ce ne sera pas non plus la lettre qui suit, Xi, ce qui aurait probablement fâché le président chinois. On passe donc directement à Omicron. La petite querelle patronymique va cependant céder la place à un emballement comme la crise en aura rarement été le théâtre. Sans que personne ne sache vraiment ce qu'il en est, la rumeur épidémiologique s'emballe et nous promet, quelques jours à peine après la première apparition d'Omicron, une nouvelle vague catastrophique et un variant résistant à la vaccination.

Un des contacts dont nous disposons désormais, exposition médiatique oblige, dans les cercles proches du pouvoir nous téléphone pour nous avertir : des informations feraient état de nombreuses formes graves du même Omicron chez les enfants. Un vent de panique générale semble gagner notre pays alors que, dans le même temps, en Afrique du Sud, les médecins se veulent, au contraire, rassurants. Or ils sont a priori mieux placés que nos alarmistes hexagonaux pour analyser les effets de ce variant. Mais nos élites réagissent comme si seules les informations catastrophistes leur semblaient crédibles, possibles, recevables.

Pourtant, très rapidement, les informations qui remontent du terrain évoquent un variant dont la gravité serait nettement moindre. Mais en réaction à l'apparition d'Omicron, l'Afrique du Sud se retrouve brutalement mise au ban des nations, ses citoyens interdits de séjour sur la quasi-totalité de la planète, simplement parce que ses experts ont correctement « fait le job ». Certes les données validées et complètes manquent encore pour parfaitement confirmer ce retour d'expérience. Mais rien n'indique que nos confrères Sud-Africains puissent se tromper aussi largement.

Les alarmistes affirment que c'est l'été de l'autre côté du globe, ce qui en réalité ne joue en rien sur la virulence du variant. Ils soulignent également que la moyenne d'âge de la population sud-africaine est nettement plus jeune que chez nous, mais c'était également le cas lorsque les variants précédents ont frappé durement l'Afrique du Sud où l'on a compté près de 100 000 morts pour un pays qui compte 10 millions d'habitants de moins qu'en France. Malgré ces éléments et les données qui commencent à se confirmer, tout le monde s'emballe en quelques jours au point que certains gouvernements décident un reconfinement total comme aux Pays-Bas.

En France, de toute évidence, l'avis pourtant non éclairé du réanimateur compte plus que les éléments transmis par les autorités sud-africaines. Cette inquiétude est difficilement justifiable. Tout est bien sûr possible et le Sars Cov-2 nous a surpris plus d'une fois. Mais la prudence devrait toutefois s'appliquer dans les deux sens. Et il paraît peu probable qu'un variant échappe complètement à la protection vaccinale sur les formes graves.

Pendant quelques jours, tout en appelant au calme, nous étudions plusieurs scénarios que nous transmettons notamment à Emmanuel Macron et à son cabinet. Mais ces simulations Omicron sont basées sur des données très précoces et des hypothèses principalement de très forte contagiosité avec différents scénarios quant à la gravité. Un de nos résultats est assez inquiétant, prévoyant une forte hausse des patients en réanimation jusqu'à

6 000 patients (scénario basé sur une gravité équivalente au variant Delta mais nettement plus contagieux). Je ne veux pas croire à ce scénario-là. Je demande à Henri s'il est vraiment sûr de lui. D'autres scénarios proposent un impact plus modéré, comptant 3 000 à 4 000 personnes en réanimation (avec un variant moins grave mais toujours très contagieux). Pour rappel, à cet instant-là, nous sommes déjà à quasiment 3 000 personnes en réanimation infectées par le variant Delta. Et ces différents scénarios ne prennent pas encore en compte le très fort échappement vaccinal que l'on va suspecter par la suite sur la base des données provenant du Danemark. En effet, il y a peu de vaccinés en Afrique du Sud et nous attribuons donc la forte diffusion d'Omicron à une plus forte contagiosité.

Pourtant, de nombreux facteurs plaident pour le scénario le moins dramatique et notamment l'évolution naturelle des virus qui favorise l'apparition des variants moins sévères et plus transmissibles. Les premières données validées sur Omicron sont publiées par les Sud-Africains mi-décembre et démontrent une moindre efficacité des vaccins, sur la transmission essentiellement, les données restant trop parcellaires pour tirer des conclusions sur les formes graves. Des données qui, on l'imagine, ne calment pas les alarmistes qui mutent aisément en « enfermistes ».

Tout le monde reste inquiet, ce qui est logique. Notamment parce que, comme nous l'avions prévu, le pic de la vague Delta se rapproche et que l'on a pensé pouvoir enfin souffler. Aussi, l'idée d'une nouvelle vague débordante est-elle quasi insupportable à l'opinion. Mais les nouvelles données venues de l'Afrique du Sud ainsi que du Royaume-Uni laissent apparaître qu'avec Omicron les formes graves sont beaucoup plus rares qu'attendues. Nous affinons alors nos prévisions et, le 19 décembre, nous les transmettons au président de la République mais également à Valérie Pécresse, la présidente de l'Île-de-France et future candidate LR, qui nous a contactés quelques jours plus tôt. Ces estimations sont clairement rassurantes. Elles sont fondées sur des chiffres multi-sourcés et validés.

Néanmoins, le clan des durs ne relâche pas la pression. Il avance l'argument qu'une trop grande prudence à la veille de Noël vaut mieux qu'une catastrophe à la rentrée de janvier et surtout que la contagiosité de ce variant va compenser sa moindre virulence. Ce que, pourtant, on n'observe ni au Royaume-Uni ni au Danemark. C'est également loin de ce que nos modèles nous prédisent. Les durs réagissent comme si le réel n'existait pas. Comme si les modèles étaient superflus. Comme si la santé publique était un gadget. À tout le moins est-ce ainsi que l'on peut traduire leurs propos.

On pourra ainsi entendre Dominique Costagliola affirmer qu'Emmanuel Macron joue à la roulette russe. L'épidémiologiste, comme à son habitude, lance ses foudres et prend la tête de l'offensive après que le président de la République a choisi le 28 décembre de ne pas céder aux oukases des « enfermistes ». Certes, il annonce la mutation du pass sanitaire en pass vaccinal, mais il refuse les options les plus radicales et surtout décide de laisser les écoles ouvertes après les fêtes de fin d'année.

Or, sur ce point, la pression a été forte et intense. Quelques jours plus tôt, une tribune dans le *JDD* a présenté le prolongement des congés scolaires comme l'une des trois mesures à prendre d'urgence avec rien de moins qu'un nouveau couvre-feu et le télétravail obligatoire. Des mesures aux conséquences sociales, économiques et psychologiques majeures pour contrer le variant Omicron dont tout le monde pourtant, en cette fin d'année, comprend qu'il a peu en commun avec le variant Delta.

Ces apôtres de l'apocalypse appuient leur démonstration sur les prévisions du modèle de l'Institut Pasteur. Ce dernier, comme il le fait désormais chaque fois, prévoit presque tout et son contraire, histoire probablement de ratisser large et de ne pas être contredit. Tout au long de la crise, nous avons dû faire face à ce type de modélisation qui donne le sentiment que l'on veut ouvrir le parapluie plutôt que se mouiller. Les prévisions de l'Institut afférentes à la vague Omicron, sur la base desquelles le gouvernement a dû opérer ses choix, vont cette fois de la vaguelette au tsunami. L'une d'entre elles mise sur une dangerosité inférieure de 80 % à celle du Delta avec un pic d'hospitalisations qui pourrait atteindre 2 700 patients quotidiens. Le pic réel ne dépassera pas 1 700. Mais c'est une « parmi d'autres » et ce n'est pas elle, on s'en doute, qui sera retenue par les « enfermistes » pétitionnaires.

Heureusement, donc, le président de la République reprend la main et repousse les demandes des alarmistes. Comme au début de l'année, je suis fier de sa décision et je l'affirme haut et fort sur le plateau de LCI. Même si le pass vaccinal, au sujet duquel il semble avoir cédé à son ministre de la Santé, me semble anachronique et décalé par rapport à l'objectif réel : vacciner les dernières personnes fragiles.

En voyant venir le protocole sanitaire délirant qui a été concocté Avenue de Ségur et inquiets de l'état psychologique des enfants en cette fin 2021, nous lançons avec Marie-Estelle Dupont une pétition afin que les enfants vivent une rentrée scolaire la plus normale possible, accompagnée d'un protocole allégé et sans port du masque. Une pétition qui recueillera 125 000 signatures en une semaine, soutenue par quelques *peoples* qui soutiennent notre combat. Dès les premiers jours de l'année 2022, nous prenons le contrepied du pass vaccinal qui s'annonce en lui préférant, sur chaque plateau de télévision, l'obligation vaccinale pour les plus fragiles. Une obligation qui est envisagée puis instaurée sous diverses formes dans plusieurs pays européens. Mais pas en France ! Pourquoi ? Certains avancent des obstacles techniques pour identifier les contrevenants et pour les sanctionner. Vraiment ? Au XXIe siècle, nous serions incapables de croiser quelques fichiers ? Et pourtant, nos calculs sont incontestables. Une telle obligation, si elle avait été instaurée, aurait permis d'éviter 50 % des entrées en réanimation enregistrées depuis septembre 2021 !

Apocalypse now

Pendant quelques jours encore, avant que les données relatives à la moindre gravité du variant soient définitivement avérées et s'imposent pour l'essentiel aux partisans de la ligne dure, je me démultiplie pour combattre la peur que les prévisions apocalyptiques des « enfermistes » tentent d'instaurer dans la population. Face à eux, j'ai l'impression d'être un peu seul mais écouté ! Je me sens comme l'un des derniers remparts – avec quelques autres comme le Dr Alice Desbiolles que l'on voit heureusement de plus en plus –, contre un autoritarisme sanitaire qui refermerait le pays jusqu'à l'été et bouclerait l'école. Il n'y a plus de demi-mesure dans le débat, plus d'équilibre parmi les experts. Ces deux ans de pandémie ont complètement fini de polariser le discours : d'une part une parole gouvernementale et institutionnelle qu'il ne faut pas contredire, comme l'affirmera à la stupéfaction de tous ses confrères, Céline Pigalle, la directrice de l'information de BFM TV : « Il ne faut pas trop aller à rebours de la parole officielle car ça serait fragiliser le consensus social. » Du coup, toute nuance apportée dans la ligne officielle est jugée dangereuse et apportant de l'eau au camp anti-vax.

Comment alors trouver une juste place entre ces deux extrêmes ?

Pendant les quelques jours où cette partie essentielle va se jouer, le dialogue sera impossible et la tension maximale. Nous affrontons une pluie d'attaques venant des « enfermistes » qui ne tolèrent pas la moindre discussion. Ce sont alors les médias qui vont jouer un rôle décisif, dont LCI grâce à David Pujadas. Le journaliste qui travaille de façon méthodique, passant beaucoup de temps à s'attacher aux faits et rien qu'aux faits, va considérer que notre analyse colle le plus à la réalité, ajoutant par ailleurs et aussi souvent que possible cette interrogation quasi métaphysique : « Pourquoi les médias ne relayent que les mauvaises nouvelles et les analyses pessimistes ? »

On le sait, un train qui arrive à l'heure ne passionne personne. Mais dans un contexte aussi lourd que celui de la crise sanitaire, peut-être faudrait-il regarder de tous les côtés, notamment vers ceux qui font entendre une autre voix plutôt que de discuter le plus sérieusement du monde dans des colloques à guichets fermés les contours de l'indispensable prochaine censure. En l'occurrence, David Pujadas s'empare personnellement du sujet et commente quotidiennement les chiffres anglais, danois et sud-africains. Il s'interroge sur le fond du discours de beaucoup de médecins intervenants qui mettent en avant le nombre de nouveaux cas quotidiens. Il précise chaque fois que cette donnée n'a pas réellement de valeur pour la vague Omicron, que seul compte le nombre de patients en réanimation et que ce nombre amorce une diminution continue à partir de la mi-janvier. Face à la baisse des réanimations, les « enfermistes » décident donc de parler des hospitalisations plus légères qui elles, il est vrai, continuent d'augmenter. Cependant, on s'aperçoit vite qu'au moins un tiers de celles-ci ne sont pas des hospitalisations pour Covid : il suffira que Santé Publique France se décide enfin, suite à nos demandes insistantes, à préciser la proportion des entrées à l'hôpital POUR Covid et celle des entrées AVEC Covid.

La distinction n'est pas anecdotique puisque la croissance observée au mois de janvier quant aux hospitalisations est essentiellement portée par les cas dits de découverte fortuite, c'est-à-dire AVEC Covid. Les Britanniques ont précisé ce distinguo depuis des semaines, ce que j'ai tenté d'expliquer sur les différents plateaux dès la mi-décembre sans être jamais entendu par nos « officiels ». Or, ce sont en grande partie ces hospitalisations-là qui expliquent le fait qu'un nombre plus important d'enfants semblent touchés par le virus.

Rappelons-nous des déclarations alarmistes de nos « enfermistes » lorsqu'Omicron est apparu, soulignant le cas des enfants comme une raison supplémentaire de boucler le pays à double tour. Or, si l'on exclut les hospitalisations AVEC Covid des plus petits, le taux d'incidence du variant sur cette population est similaire à ceux observés lors des précédentes vagues. Mais, une fois de plus, l'occasion de faire peur a paru probablement trop belle pour y réfléchir à deux fois !

Le soutien de la cavalerie

Pour éviter de prêter le flanc à ceux qui me trouvent prétentieux, je laisse à David Pujadas le soin d'introduire l'ultime partie de ce récit. Ce dernier n'hésite pas, en ouvrant son édition du 17 janvier 2022, à proclamer la fin de la vague Omicron en ajoutant : « En d'autres termes tout se résume ainsi, Martin Blachier avait raison. » Et de poursuivre, comme s'il fallait résumer le propos de notre récit : « Mais alors pourquoi a-t-il été contraint de prêcher dans le désert sans être entendu ? »

C'est là toute la question à laquelle j'ai voulu répondre à travers ce livre. Je n'aurais pas dit mieux, cher David ! Comme lui, Pascal Praud, sur CNews, estimera à plusieurs reprises que nous avions eu raison non seulement de ne pas sombrer dans la panique générale mais surtout de tout faire, argument contre argument, chiffre contre chiffre, pour remettre Omicron à sa place. Et les « enfermistes » avec lui ! Malgré la tonalité souvent polémique de l'émission que ce journaliste anime, on peut, dans cet espace de liberté, exprimer des opinions et surtout avancer des faits qui ne sont pas par principe rejetés sous prétexte que « l'émetteur » n'est pas membre de la sphère autorisée. Certes, cette liberté à un prix : celui de devoir y entendre parfois des thèses pour le moins fantaisistes – sur la vaccination notamment. Mais j'avoue m'être toujours senti à l'aise et écouté sur cette chaîne pourtant tant décriée. C'est aussi pour cette liberté que j'ai accepté de participer régulièrement, tel un chroniqueur cette fois, à l'émission santé qu'anime chaque samedi sur CNews mon amie Brigitte Milhau.

Il faut d'ailleurs relever que les médias dans leur ensemble ont, dans cette crise, parfaitement joué le rôle de quatrième pouvoir qu'on leur attribue historiquement. Évidemment, certains ont fait des choix quitte à oublier la règle de la liberté d'expression et à boycotter certains d'entre nous. Ce fut mon cas, sur BFM TV alors que la chaîne m'a, dans un premier temps, donné la parole avant d'être visiblement agacée par la ligne « rassuriste » de nos analyses sur la vague Omicron. Reste que, malgré tout, dans une crise aussi essentielle pour notre pays, l'univers médiatique, et notamment celui des chaînes privées, s'est refusé à être rangé derrière la parole officielle.

Pour ma part, la fréquentation de ces médias, à forte dose je l'admets, m'a clairement permis ce que les instances publiques de la santé nous interdisaient : à savoir apporter, avec d'autres, notre pierre à la gestion de cette pandémie, faire pencher au moins un peu la balance, favoriser la prise de certaines décisions, grâce parfois au soutien mais souvent discret (pour ne pas vexer l'administration de la santé et ses autorités) de quelques influenceurs ou, même, acteurs de premier plan.

Attention pourtant ! Cette présence répétée sur les plateaux de télévision a aussi laissé libre cours à une certaine agressivité contre ma personne. Quelques semaines après le début de la crise, convaincu que je ne peux plus faire l'impasse sur les réseaux sociaux, je me lance... et découvre du même coup l'extrême violence, le mot est faible, qu'autorise l'anonymat de la plupart de ceux qui twittent soir et matin. Le prix à payer ? Assez lourd, quand les commentaires font place aux menaces dirigées contre moi et, pire encore, les membres de ma famille... Et elles n'ont pas manqué ! Reste que j'ai croisé sur ces mêmes plateaux des esprits étonnants, des intelligences remarquables, des professionnels sincères et des journalistes honnêtes, même lorsque nous n'étions pas du même avis.

Un jour d'octobre 2020, invité d'Éric Brunet et patientant dans le petit salon réservé aux intervenants, je croise même une psychologue qui, dans sa robe bleue et blanche (je m'en souviens parfaitement), semble un peu stressée mais dégage une énergie à part, un détonnant mélange de force et de sensibilité, un petit vernis bourgeois associé à un esprit un peu punk, percutant, qu'elle va déployer sur le plateau de l'émission. Elle parle de la crise d'une façon très particulière, avec beaucoup de hauteur. Elle assume une parole décalée par rapport au discours catastrophiste alors dominant. Une période où l'on entend surtout les réanimateurs parler d'intubations et de décès. Mais elle s'intéresse aux effets socio-économiques et psychologiques de la crise. Depuis son cabinet, elle semble avoir une tout autre vision de ce qui se passait. Un cabinet où nombre de ses patients s'effondrent psychiquement, les pires situations étant celles des plus jeunes. Je trouve son discours limpide, éclairant et en même temps humain, loin des approches techniques ou statistiques, parfaitement en ligne avec notre sentiment selon lequel il manque cruellement à cette crise une approche de santé globale.

Marie-Estelle Dupont, puisqu'il s'agit d'elle, a indiscutablement quelque chose que les autres n'ont pas. Au sortir du plateau, nous discutons quelques minutes avec les autres intervenants présents ce jour-là, l'essayiste Pierre Liscia et le restaurateur Marc Veyrat, l'homme au grand chapeau qui nous dit avec émotion et sincérité la violence de cette crise pour sa profession. Il a aimé notre discours plus optimiste et nous promet de tous nous inviter à sa table quand tout ira mieux.

Le message que je reçois le lendemain sur Linkedin n'est pas une confirmation de réservation à La maison des Bois, à quelques kilomètres d'Annecy, mais un mot de Marie-Estelle qui me propose que nous nous entretenions de « sujets plus larges que la Covid ». Le ton est aussi drôle que cash et je découvre que, tout comme moi, elle est divorcée et a trois enfants. Il nous faudra moins de

6 mois pour décider d'habiter ensemble. Pourquoi attendre quand l'évidence s'impose ainsi ? Évidemment, notre première année de vie commune a été très « Covid », rythmée par nos interventions médiatiques respectives, que nous débriefions parfois, le soir autour de la table. Mais les week-ends, eux, sont délicieusement mais bruyamment consacrés à notre nouvelle tribu : elle, moi, ses trois enfants, mes trois enfants... Mais vous connaissez le proverbe : quand on aime, on ne compte pas !

Enfin, cette plongée dans les médias m'a offert deux « cadeaux » que ne je n'aurais jamais pensé pouvoir décrocher. D'abord, la dernière page de *Libé* déjà évoquée et dont j'ai compris avec retard la portée et le poids. Puis cette aventure m'a procuré une autre surprise quasi-inestimable : une caricature de moi, Martin Blachier, dans les pages du *Canard Enchaîné* ! Royal. Inespéré ! Certes, elle est de la taille d'un timbre-poste. Certes, encore, l'article qui l'accompagne n'est pas complétement dénué de critiques, un tantinet moqueur comme il se doit pour l'hebdomadaire satirique du mercredi. Mais c'est à coup sûr le prix à payer pour cet incroyable privilège !

La montée « logique » du complotisme

Un autre phénomène, des plus négatifs, découle de cette crise ou plutôt de sa gestion par le gouvernement : la montée en puissance du complotisme. Un complotisme qui n'a rien à voir avec de la malveillance ou de la bêtise, bien au contraire. Il est une réaction de certains cerveaux face à un ensemble d'informations paradoxales et incohérentes. La lecture des travaux récents de neuropsychologie sur ce qu'on appelle le non-conscient nous démontre en effet que notre cerveau cherche en permanence à trouver une logique derrière les faits ou les informations auxquels nous sommes exposés.

Les théories du complot fournissent des explications générales et cohérentes qui permettent aux gens de préserver leurs croyances face à l'incertitude et à la contradiction. Ce qui est arrivé à certains lorsque les données ont montré que le vaccin n'empêche pas la transmission et que les jeunes n'ont pas de risque substantiel de tomber gravement malade mais que, dans le même temps, le gouvernement a décidé d'imposer la vaccination aux adolescents. Là les cerveaux bloquent ! Avec cette simple conclusion : il doit y avoir une raison secrète à cet apparent désordre.

L'exemple du pass vaccinal est pareillement signifiant. Une partie de l'opinion, dont la plus informée, n'a pas compris pourquoi le Premier ministre Jean Castex ou le porte-parole du gouvernement Gabriel Attal se sont acharnés à soutenir en boucle que le pass permettrait de maintenir les lieux publics ouverts alors que le taux de contaminations, particulièrement avec Omicron, est similaire entre personnes vaccinées et non vaccinées. Il est alors légitime de se demander comment un tel pass peut jouer le moindre rôle dans le contrôle de la circulation virale. Si le Français moyen le comprend, alors l'élite qui nous gouverne aussi. Et si le gouvernement malgré tout instaure ce pass vaccinal, c'est qu'il y a derrière tout cela quelque dessein secret et mystérieux. Mais quoi ?

Pour certains, la réponse coule de source : le pouvoir veut contrôler la population, « instaurer un pass social à la chinoise », « régenter nos vies en limitant les droits selon un ordre moral ». Ceux qui ont poussé la recherche et la connaissance un peu plus loin se sont demandé pourquoi on avait dépensé 1,5 milliard d'euros par mois, sans compter les arrêts maladie, pour un *testing* massif, inefficace et inutile dans le contexte d'Omicron où 80 % des cas sont asymptomatiques et où la gravité du variant est jugée quasi-anecdotique. Or là aussi, si nous sommes capables de faire ce constat, le gouvernement l'est tout autant et il faut bien trouver une explication. Pour entretenir la peur ? Pour gagner la présidentielle sur la seule gestion du Covid en croyant démontrer que tout a été fait pour protéger la population ?

Ces théories du complot naissent en réalité d'une méconnaissance presque totale du processus de prise de décision politique. Comment, en effet, imaginer que l'absurde en fait partie pour cause de contradictions administratives et bureaucratiques multiples, internes à la technostructure, notamment dans le domaine de la santé ? Comment admettre que, contrairement à nous, simples citoyens, nos gouvernants ou nos décideurs refusent obstinément de se dédire ? Comment concevoir qu'ils préfèrent parfois traverser une de ces périodes d'absurdité parce qu'elle permet de revendiquer la continuité de l'action, si nécessaire en politique ?

Parce que trop de personnes surestiment l'univers politique, scientifique et médical, elles finissent par voir derrière chaque « anomalie », un complot potentiel. Je suis bien placé pour le savoir : à cause de mon exposition médiatique, je reçois plus d'une dizaine d'exposés de ces thèses complotistes par semaine. Et la plupart proviennent de personnes souvent intelligentes et diplômées, loin des caricatures que campent volontiers les Jean-Marie Bigard ou autres Francis Lalanne. Ces argumentaires sont aussi développés par des lettrés, des savants, des ingénieurs.

Dans un pays déjà porté au complotisme, l'attitude de certains médecins experts et de décideurs a ouvert un peu plus largement encore la voie à ce type de comportements. D'autant plus que, facteur aggravant, les travaux des sociologues suggèrent que les gens se tournent vers les théories du complot lorsqu'ils ressentent que leurs besoins existentiels, à commencer par leur liberté, sont menacés.

Les théories du complot sont un moyen de retrouver le sentiment de garder le contrôle parce qu'elles offrent la possibilité de rejeter les récits, les mesures, les commentaires officiels. Or les restrictions permanentes et les errements récurrents de ces deux dernières années n'ont pu qu'amplifier cette appréhension.

Épilogue

Et demain ?

À notre petite place, dans le rôle modeste qui nous est échu à Henri et moi-même durant cette longue crise, il nous est apparu que, peut-être, puisque à toute chose malheur est bon, il pourrait y avoir quelques leçons à tirer de l'épreuve que notre pays a traversée. C'est aussi une façon de terminer ce récit avec une pointe d'optimisme.

Optimisme d'abord quant aux comportements individuels de nos compatriotes. Hormis quelques dérapages qui ont parfois été un peu surestimés, nos compatriotes ont été au rendez-vous. Ce peuple, paraît-il, de rebelles, a pris ses responsabilités, a respecté ce qui lui semblait juste et nécessaire. Il y a quatre ans, en pleines crise des Gilets jaunes, je me privais de mes samedis en famille, avec mes enfants, dans les rues de Paris de crainte de tomber sur le mauvais regroupement. Il y a quatre ans, comme nombre d'entre vous je suppose, je n'aurais jamais pensé qu'en étant confinés des semaines et des semaines, les Français se montreraient aussi respectueux des règles imposées, des gestes barrières, des consignes pourtant souvent changeantes de nos gouvernants. Il y a quatre ans, je lisais dans *Le Monde* une enquête qui me faisait peur : on y estimait que 40 % de nos concitoyens étaient des complotistes en puissance, les vaccins étant leur sujet de défiance préféré. Aujourd'hui, près de 90 % de la population « cible » est vaccinée. Autant de raisons d'avoir confiance dans le sens de la responsabilité collective.

Certes, je reste déçu du manque de solidarité entre les générations qui a contraint toute une jeunesse à s'enfermer des mois durant alors qu'elle ne risquait rien. Mais on peut espérer que les jeunes d'aujourd'hui auront retenu la leçon et seront solidaires pour deux quand ils seront les aînés de demain.

Et puis, ne l'oublions pas, la science a démontré sa puissance, son inventivité, son génie en découvrant en un an ce qu'elle mettait hier encore dix ans à découvrir : un vaccin ! Et non pas un, mais des vaccins. Certes, ces découvertes sont celles de la science « privée » et non de la science « publique ». Et alors ? Voilà l'autre enseignement de cette crise : l'intelligence et le savoir n'ont pas d'étiquettes, pas d'idéologie, pas d'a priori. Public et privé doivent s'enrichir mutuellement, sans esprit d'exclusion, en collaborant.

Nous aurions été les plus heureux, chez PHE, si nous avions pu ainsi discuter, confronter nos idées, nos données, nos prévisions. Nous étions, dès le 12 mars 2020, persuadés que nous pouvions apporter notre petite pierre au rempart qu'il fallait ériger entre ce virus et notre population. Malheureusement, le seul mur que nous avons rencontré est celui que quelques institutions, trop convaincues de leur supériorité et de notre inutilité, ont dressé entre nous tous. La leçon impérative que nous livre la pandémie est qu'il faut faire autrement dans l'avenir.

Mais je suis (presque) convaincu que demain sera un autre jour !

Remerciements

Que mon compagnon d'études, de projet et de travail Henri Leleu, si présent dans ces pages, trouve ici l'expression de toute ma gratitude pour son amitié. Rien, de nos entreprises et de nos aventures, n'aurait été possible sans lui. Et donc ce livre, dont il est en quelque façon fraternelle, et comme pour tout le reste, le co-auteur.

Un grand merci également à Olivier Robichon, grand connaisseur et commentateur de la santé, sans l'insistance amicale duquel ce livre n'aurait pas vu le jour.

Table des matières

Imprimé en France

Composition : Le vent se lève...

N° d'imprimeur : 22020585
Achevé d'imprimer : mars 2022
Dépôt légal : mars 2022